SUN TZU
THE ART OF WAR
FOR LANGUAGE LEARNERS

Chinese • Pinyin • English

LingLing
Huw Robson

www.linglingmandarin.com

Copyright © 2023 Ling He (LingLing Mandarin)

All rights reserved.

No part of this book including audio material may be reproduced or used in any manner without written permission of the copyright owner. For more information, contact:

enquiries@linglingmandarin.com

FIRST EDITION

Editing by Xinrong Huo
Cover design by LingLing

www.linglingmandarin.com

Acknowledgements

I would like to begin by expressing my gratitude to my long-standing friend and co-author Huw, with whom I am honored to share many years of strong friendship. Working together with you has been an incredibly enriching and rewarding experience, and I feel privileged to share this amazing journey with you.

I would also like to thank my dear friends, students and followers for your support of my books. Your enthusiasm and encouragement have been instrumental in driving me forward, and I am humbled by your faith in me and my work.

Special thanks go to Richard, James, Omega and Nerea, who gave me valuable feedback to complete this book. Thank you for your motivation, encouragement and friendship.

Finally, I would like to extend my gratitude to my husband Phil for his unwavering love, support, and assistance with editing and formatting of the book.

Access FREE AUDIO

Check the **"ACCESS AUDIO"** chapter for
password and full instructions
(see Table of Contents)

TABLE OF CONTENTS

Introduction			7
Learning Tips			11
CHAPTER ONE	计篇 *jì piān*	Calculation	13
CHAPTER TWO	作战篇 *zuò zhàn piān*	Waging War	23
CHAPTER THREE	谋攻篇 *móu gōng piān*	Attacking By Stratagem	32
CHAPTER FOUR	形篇 *xíng piān*	Tactical Disposition	41
CHAPTER FIVE	势篇 *shì piān*	Force	50
CHAPTER SIX	虚实篇 *xū shí piān*	Weakness And Strength	59
CHAPTER SEVEN	军争篇 *jūn zhēng piān*	Tactical Maneuvering	71
CHAPTER EIGHT	九变篇 *jiǔ biàn piān*	Tactical Variation	82
CHAPTER NINE	行军篇 *xíng jūn piān*	The Army On The March	89
CHAPTER TEN	地形篇 *dì xíng piān*	Terrain	104
CHAPTER ELEVEN	九地篇 *jiǔ dì piān*	Nine Situations	116
CHAPTER TWELVE	火攻篇 *huǒ gōng piān*	Attacking By Fire	133
CHAPTER THIRTEEN	用间篇 *yòng jiān piān*	The Use Of Spies	141

Access Audio	150
Chinese Stories For Language Learners Series	151
Books By LingLing	152
About The Authors	153

The supreme art of war
is to subdue the enemy without fighting

— SUN TZU —

INTRODUCTION

ABOUT THE BOOK

The Art of War for Language Learners is a unique book that seeks to unlock the secrets of the Chinese language and culture. It combines the timeless wisdom of China's greatest classic with modern language learning. This book is not only aimed at language learners, but also can be used as a valuable resource for educators, trainers, businessmen and anyone looking to incorporate Chinese culture and wisdom into their curriculum.

SUN TZU AND THE ART OF WAR

The Art of War (孙 子 兵 法) is a masterpiece by Sun Wu (孙 武), 544 - 496 BC, from the Spring and Autumn (Warring States) Period of ancient China, a renowned military strategist and statesman. Sun Wu is regarded as Master Sun and the Originator of Eastern Military Science. His book, The Art of War, now commonly known as Sun Tzu's The Art of War, is considered one of China's most prominent classics. As the first established military book in the world, it has been regarded as a sacred book of military studies for over two thousand years.

In modern days, it has enjoyed high international status not just in the military, but in political, academic, business and philosophical fields in China and the world. It also remains a compulsory unit of MBA courses for many famous universities, including Harvard. So far, the book has been translated into more than twenty languages and has influenced countless military strategists, politicians, philosophers and entrepreneurs in China and abroad.

Some of the historical stories and applications of wisdom found in The Art of War are also explored in my other books—<u>Chinese Stories for Language Learners</u> —a collection of Chinese folktales, myths, fables, idioms, proverbs, and both historical and modern stories. If you're curious to explore more, be sure to check that out too.

BEHIND THE SCENES

Despite the broad international reach of the Art of War, existing Chinese-English translations of the book are often outdated, archaic, and difficult for modern language learners to comprehend. With a deep passion and ambition to make this masterpiece accessible to modern readers, particularly to Chinese language learners with an interest in Chinese history, literature, and culture, we have conducted extensive research and worked tirelessly over the past three years to complete this ambitious project.

The original book is written in Classical Chinese, making it quite inaccessible to most readers, even many native speakers. To make this masterpiece available to a wider audience, the first step was for me to translate the book into modern Chinese using vocabulary and expressions from HSK Intermediate and Advanced levels. By doing so, the book has been brought into the modern era, making it a practical and accessible resource for language learners. Then with the help of my good friend and co-author Huw, we worked together to add the English translations to the Chinese, aiming to provide the best bilingual materials to benefit language learners whilst keeping the essence and authenticity of this masterpiece.

HOW THE BOOK WILL HELP YOU

To better serve readers of all Chinese language levels, the book comes with two versions of the text: the bilingual version of simplified Chinese, Pinyin, and English, and the Chinese-only version. Therefore, no matter what level you are in Chinese, you will find this book easy to follow and understand. However, in terms of vocabulary and structure building, it certainly will benefit intermediate and advanced learners more.

Many famous Chinese idioms, proverbs, and quotes also originate from Sun Tzu's The Art of War, which will also be covered and explained, as well as essential vocabulary and phrases to help you rocket your Chinese learning to the level of mastery. We use a comprehensive approach to make the content engaging and interactive so that you'll not only be able to improve your Chinese language skills, but also gain valuable insights that will help you navigate the challenges of various aspects of life.

This book is not just about learning the Chinese language; it is also about winning in life and exploring powerful Chinese tactics and leadership strategies! You can apply its timeless wisdom to master many real-world scenarios. There are many reflective discussions throughout the book that will inspire you to apply its concepts to achieve this.

Whether you're a student, a business professional, or simply someone interested in Chinese culture and history, this book is the ultimate guide to mastering the Chinese language and culture on a deep level.

This book contains a total of 13 chapters with expanded learning content, written and translated purposely for modern Chinese language learners. Each chapter is structured to guide and assist your learning whilst making your learning journey entertaining and memorable, with its content consisting of:

- The Bilingual version of the text with Chinese, pinyin and English
- The Chinese-only version for self-assessment
- Key vocabulary list to help you to learn and review
- Interactive discussions to help you to reflect
- Famous Chinese idioms, proverbs and quotes explained in classical Chinese and modern Chinese

ACCESS AUDIO

Great news! The Chinese audio files for the book is a FREE gift for you, which you can access from the Access Audio page (see table of contents).

The combined Chinese-English audiobook, narrated by the authors, is available on all major platforms! Check the Access Audio page.

LEARN CHINESE WITH A NEW VISION

Chinese is one of the most varied, dynamic, and artistic languages and has developed over 3500 years. It is one of the most spoken languages in the world, and mastering it opens doors to new opportunities in life, travel, business, and personal development.

Studying Chinese is not just about learning a new language but also exploring a different way of thinking, experiencing new perspectives, understanding a rich culture developed over thousands of years, and finding peace and balance in a life-long beneficial journey.

LEARNING TIPS

BECOME AN EFFECTIVE LEARNER

In Chinese, we have a well-known idiom 事半功倍 (shì bàn gōng bèi) (get twice the result with half the effort). You can cut short a long process with an effective learning method. It may seem obvious, but the best way to learn Chinese is to use it as often as possible, especially with Chinese speaking and listening; the more you practice, the more it will become second nature, like muscle memory.

Make the most of each chapter in the book by paying attention to the language flow and keep **reading it aloud** until you can read it naturally and fluently. Use the accompanying audio to help by imitating the intonation and expression of the speakers in the audio. I suggest you follow this process:

1. **Read** the bilingual version of each chapter to identify the new words and phrases in context, referring to the Key Vocabulary list for details.

2. **Listen** to the audio while following the text to pick up the correct pronunciation - pause and rewind if necessary.

3. **Practice** reading the text aloud until you can read the entire chapter fluently. Pay attention to transitional words and phrases to master the authentic language flow.

4. **Test** yourself by heading to the Chinese version of the chapter, and read it without the help of Pinyin and English. Mastering the Chinese on its own is the key to level up.

5. **Listen again** to the audio. Test yourself by listening to it without the help of the text. If you miss some parts, go back to check with the text. Keep practicing until you can comprehend the audio alone.

Review and practice

Repetition is the mother of learning! Make sure you go back to each chapter and review the vocabularies and sentence patterns frequently. The more you review and practice, the better your Mandarin will be!

Be your own creator

You become a true master through creation and application! Apply the vocabularies, phrases, and sentence patterns you learned from each chapter to your own conversations, whether in real-life practice or imaginary scenarios. Remember – the ultimate goal of learning Mandarin is to effectively communicate and understand the language in your own experiences. You can only achieve this by applying what you have learned in practice!

Believe in yourself

Believe in yourself and have confidence! Never be afraid of making mistakes. In real life, even advanced learners and native speakers make mistakes! Plus, mistakes only make us grow quicker! So, never let mistakes put you off. Instead, be bold, embrace and learn from mistakes!

Set Goals and Stay Committed

Have a committed learning attitude and set goals from small to big will lead you to great achievements in your Chinese learning journey. So stay committed and never give up! Just like this Chinese idiom:

Nothing is impossible to a willing heart

jì piān

计篇

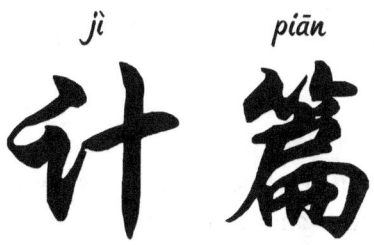

Calculation

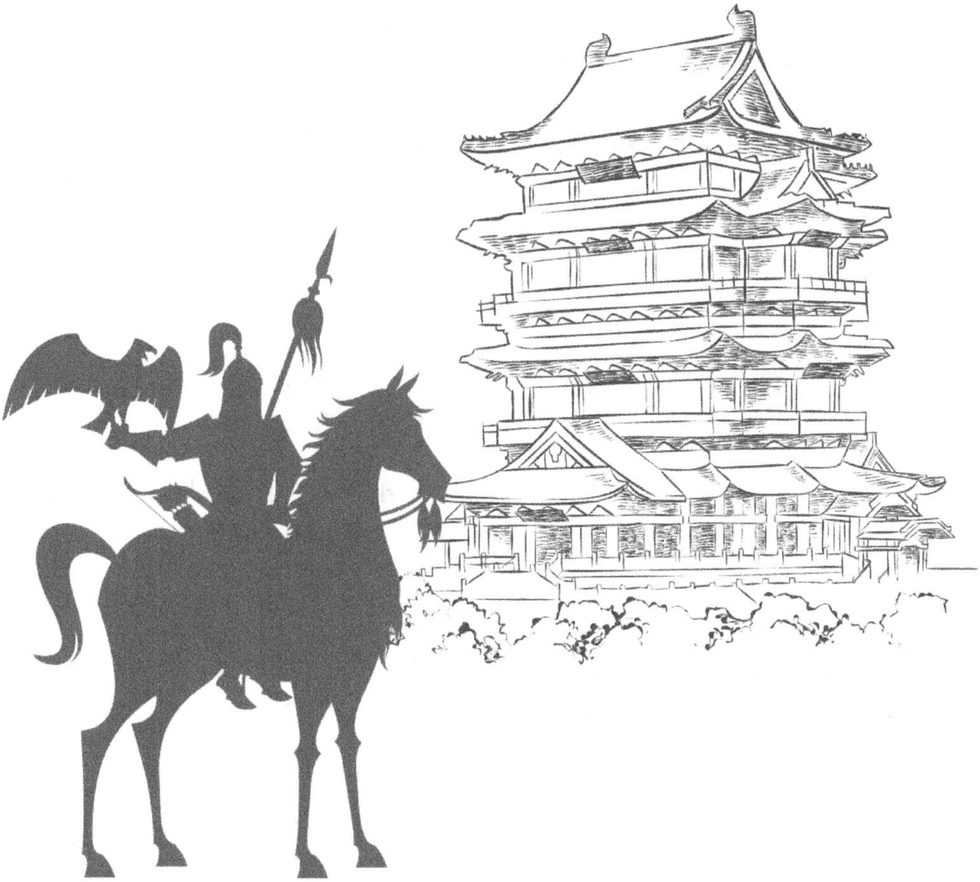

CHAPTER ONE

孙子说：**战争**是国家的大事，因为关系到人民的**生死**和国家的**生存**，所以得**慎重**地研究和分析。

Sun Tzu said: **war** is a matter of critical importance to the state because it is related to the **life and death** of its people and to the **survival** of the country. Therefore, we must **prudently** study and analyse it.

要预测战争的**胜利**和**失败**，就得**比较**敌方和我方的情况，从下面五个方面**分析**。

To predict **victory** or **defeat** in war, we must **compare** the circumstances of the enemy to those our side by **analysing** the following five aspects.

一是**道义**，二是天时，三是**地理**，四是**领导能力**，五是**法律**。

The first is **righteousness**, the second is timing, the third is **geography**, the fourth is **leadership**, and the fifth is the **law**.

道义（或政治条件），是指人民和**统治者**的目标**相同**，愿意**同生共死**，不怕危险。

Righteousness (or political conditions) refers to the people and the **rulers** of the country having **aligned goals**, being willing **to live and die together** and to fight without fear.

天时，是指**昼夜**、天气、温度，**四季变化**。

Timing refers to **day and night**, the weather, the temperature and **the changes of the four seasons**.

地理，是指路程的**距离**，地形的**高度**和**宽度**。

Geography refers to the **distance** of the journey, and the **height** and **width** of the campaign's terrain.

领导能力是指军队的领导足智多谋，赏罚分明，爱护下属，勇敢果断，纪律严明。

Leadership refers to how **wise and resourceful** are the leaders of the state, how far they can establish a **credible system of rewards and punishments**, how much they care for their subordinates, how **brave and decisive** they are and how far they act in a fashion that is both **strict and impartial**.

法律，是指管理制度，组织结构和人员编制。

The law refers to the **management system** of the army, and its organizational structure and **staffing**.

对于这五个方面，领导是必须了解的。了解就会胜利，不了解就会失败。

Any leader who wants to win must **understand** these five aspects. If we understand them, we will **win**. If we do not, we will **lose**.

一定要思考：哪方的统治者更明智？哪方的领导更有能力？哪方更占天时地利？

We must consider: which side has a **wiser** ruler? Which side has more **capable** leadership? Which side can fight in more **favourable conditions with respect to timing and terrain**?

哪方的法律更能严格执行？哪方的军队更强大？哪方的装备更先进？哪方的赏罚更公正严明？

Which side's laws are more strictly **enforced**? Which side's military is stronger? Which side has more **advanced** equipment? Which side's rewards and punishments are **fairer and more strictly applied**?

通过这些比较，我就会知道哪方会胜利，哪方会失败。

Through these comparisons, I will know which side will **win** and which side will **lose**.

战争的胜利**在于**将军们**听从**我的**指示**。如果将军听从，我就**雇用**他。不听从，我就**解雇**他。

Victory in war **relies on** generals **following** my **direction**. If a general follows it, I will **hire** him. If he refuses, I will **dismiss** him.

采取了有效的策略，还得**造势**，用来创造有利的**作战条件**。

After **adopting** effective strategies, we must **create force** to create favourable **conditions for combat**.

造势，就是按照我方的**具体**情况去采取**灵活**有**效**的**措施**。

Creating force requires us to implement measures that are **flexible and effective** according to our side's **specific** situation.

欺骗是战争的绝对原则。所以，有实力要**假装**没实力，能**进攻**要假装不能进攻。

Deception is the absolute principle of warfare. Therefore, if we are strong we must **pretend** that we are weak. If we can **attack**, we must pretend that we are unable to attack.

在**近处**行动要假装在**远处**行动，在远处行动要假装在近处行动。

If we are acting in the **vicinity**, we must pretend that we are acting in the **distance**. When acting in the distance, pretend to act in the vicinity.

如果敌人**贪婪**，就用利益**诱惑**他；如果敌人**混乱**，就**趁机**进攻他。

If the enemy is **greedy**, **entice** him with benefits. If the enemy is in **chaos**, **seize the opportunity** to attack him.

如果敌人更强大，就**防御**他，或者暂时**避开**他。
如果敌人**急躁**，就挑逗他，让他失去**理智**。

If the enemy is stronger than our side, prepare to **defend** or to temporarily **avoid** him. If the enemy is **impatient**, irritate him to destroy his **rationality**.

我们对敌人越**谦虚自卑**，敌人就会越**骄傲自大**。

The more **modest and inferior** we appear to the enemy, the **prouder and more arrogant** he will become.

如果敌人休息好了，就想办法让他**疲劳**。如果敌人内部**团结**，就想办法**挑拨离间**他们。

If the enemy is well rested, find a way to **exhaust** him. If the enemy is internally **cohesive**, find a means to **sow discord** within them.

要在敌人**无准备**的时候进攻；要在敌人**不注意**的时候行动。这就是**无懈可击**！

We should attack the enemy when he is **unprepared** and act when he is **not paying attention**. This is the way to **stay invincible**!

这些都是成功**军事家**的**诀窍**，是不可能**提前**全部规定的。

These are the **secrets** of successful **military strategists**, but the winning approach can never be fully formulated **in advance**.

开战以前，我们要做周密的**分析**，比较和**计算**，来预测战争胜利的**可能性**。

Before the war, we must do thorough **analysis**, comparison and **calculation** to predict the **probability** of victory.

如果**结论**是我方的**优势**多于**劣势**，那么我们胜利的**可能性**就越大。

If we arrive at the **conclusion** that our **advantages** exceed our **disadvantages**, then our **probability** of victory improves.

如果结论是我方的**劣势**多于**优势**，那么我们胜利的**可能性**就越小。

If we arrive at the **conclusion** that our **disadvantages** exceed our **advantages**, then our **probability** of victory diminishes.

如果不**提前**做这些计算工作，又怎么能**预测**胜利和失败呢？

If you don't do these calculations **in advance**, how can we **predict** victory or defeat?

根据这些方法，我就会知道哪方会**胜利**，哪方会**失败**。

Based on these methods, I will know which side will **win** and which side will **lose**.

Key vocabulary

yōu shì 优 势	n.	advantage	jiě gù 解 雇	v.	to dismiss
liè shì 劣 势	n.	disadvantage	gù yòng 雇 用	v.	to hire
rén mín 人 民	n.	people	wǒ fāng 我 方	n.	my side
lǐng dǎo 领 导	n.	leader	dí fāng 敌 方	n.	enemy side
tǒng zhì zhě 统 治 者	n.	ruler	gāo dù 高 度	n.	height
xià shǔ 下 属	n.	subordinate	kuān dù 宽 度	n.	width
tóng shēng gòng sǐ 同 生 共 死	idiom	to live and die together	shēng cún 生 存	n.	survival
zú zhì duō móu 足 智 多 谋	idiom	wise and resourceful	shēng sǐ 生 死	n.	life and death
shǎng fá fēn míng 赏 罚 分 明	idiom	credibility of rewards and punishments	shèng lì 胜 利	v. n.	to win victory
tiān shí dì lì 天 时 地 利	idiom	favourable conditions (timing and terrain)	shī bài 失 败	v. n.	to lose defeat
gōng zhèng yán míng 公 正 严 明	idiom	fair, strict, and impartial	jí zào 急 躁	adj.	impatient
tiǎo bō lí jiàn 挑 拨 离 间	idiom	to sow discord	lǐ zhì 理 智	adj. n.	rational rationality
qiān xū zì bēi 谦 虚 自 卑	adj.	modest and inferior	fēn xī 分 析	v. n.	to analyze analysis
jiāo ào zì dà 骄 傲 自 大	idiom	proud and arrogant	jì suàn 计 算	v. n.	to calculate calculation

IDIOM 成语

wú	xiè	kě	jī
无	懈	可	击
no	negligence	can	attack

To stay invincible

PROVERB 谚语

ORIGINAL

gōng qí bú bèi, chū qí bú yì
攻其不备，出其不意。

MODERN

yào zài dí rén wú zhǔn bèi de shí hou jìn gōng; yào zài dí rén bú zhù yì de shí hou xíng dòng
要在敌人无准备的时候进攻；要在敌人不注意的时候行动。

We should attack the enemy when he is unprepared and act when he is not paying attention.

QUOTE 名言

ORIGINAL

bīng zhě, guǐ dào yě, gù néng ér shì zhī bù néng, yòng ér shì zhī bú yòng
兵者，诡道也，故能而示之不能，用而示之不用。

MODERN

qī piàn shì zhàn zhēng de jué duì yuán zé. suǒ yǐ, yǒu shí lì yào jiǎ zhuāng méi shí lì, néng jìn gōng yào jiǎ zhuāng bù néng jìn gōng
欺骗是战争的绝对原则。所以，有实力要假装没实力，能进攻要假装不能进攻。

Deception is the absolute principle of warfare. Therefore, if we are strong we must pretend that we are weak. If we can attack we must pretend that we are unable to attack.

sūn zǐ rèn wéi zài jìng zhēng zhōng, yào duì nǐ de duì shǒu yǐn cáng shí lì hé jì huà, nǐ zěn me kàn
孙子认为在竞争中，要对你的对手隐藏实力和计划，你怎么看？

Sun Tzu believed that in competition, you should hide your strength and plans from your opponents. What do you think?

Chinese Version

孙子说：战争是国家的大事，因为关系到人民的生死和国家的生存，所以得慎重地研究和分析。

要预测战争的胜利和失败，就得比较敌方和我方的情况，从下面五个方面分析。

一是道义，二是天时，三是地理，四是领导能力，五是法律。

道义（或政治条件），是指人民和统治者的目标相同，愿意同生共死，不怕危险。

天时，是指昼夜、天气、温度、四季变化。

地理，是指路程的距离，地形的高度和宽度。

领导能力是指军队的领导足智多谋，赏罚分明，爱护下属，勇敢果断，纪律严明。

法律，是指管理制度，组织结构和人员编制。

对于这五个方面，领导是必须了解的。了解就会胜利，不了解就会失败。

一定要思考：哪方的统治者更明智？哪方的领导更有能力？哪方更占天时地利？

哪方的法律更能严格执行？哪方的军队更强大？哪方的装备更先进？哪方的赏罚更公正严明？

通过这些比较，我就会知道哪方会胜利，哪方会失败。

战争的胜利在于将军们听从我的指示。如果将军听从，我就雇用他。不听从，我就解雇他。

采取了有效的策略，还得造势，用来创造有利的作战条件。

造势，就是按照我方的具体情况去采取灵活有效的措施。

欺骗是战争的绝对原则。所以，有实力要假装没实力，能进攻要假装不能进攻。

在近处行动要假装在远处行动，在远处行动要假装在近处行动。

如果敌人贪婪，就用利益诱惑他；如果敌人混乱，就趁机进攻他。

如果敌人更强大，就防御他，或者暂时避开他。如果敌人急躁，就挑逗他，让他失去理智。

我们对敌人越谦虚自卑，敌人就会越骄傲自大。

如果敌人休息好了，就想办法让他疲劳。如果敌人内部团结，就想办法挑拨离间他们。

要在敌人无准备的时候进攻；要在敌人不注意的时候行动。这就是无懈可击！

这些都是成功军事家的诀窍，是不可能提前全部规定的。

开战以前，我们要做周密的分析，比较和计算，来预测战争胜利的可能性。

如果结论是我方的优势多于劣势，那么我们胜利的可能性就越大。

如果结论是我方的劣势多于优势，那么我们胜利的可能性就越小。

如果不提前做这些计算工作，又怎么能预测胜利和失败呢？

根据这些方法，我就会知道哪方会胜利，哪方会失败。

Waging War

CHAPTER TWO

孙子说：作战的**前提**是保证充足的**物资**。

Sun Tzu said: a **prerequisite** for war is to ensure sufficient **supplies**.

要准备一千辆**轻车**，一千辆**重车**和十万**军队**，还要从几百公里外**运输**粮食和设备。

An army must prepare one thousand **light chariots**, one thousand **heavy chariots** and one hundred thousand **troops**. It must be ready to **transport** food and equipment over hundreds of kilometers.

军队内部和外部每天**开支**巨大，**包括**招待嘉宾，**生产**和**维修**军事设备。

The daily **expenditure** of the army, both at home and abroad, is huge, **including** the entertainment of dignitaries, and the **production** and **repair** of military equipment.

只有保证这些**成本**，军队才能上**战场**。

Only by guaranteeing these **costs** can an army be brought to **battlefield**.

所以，作战应该**速战速决**。时间越长，军队就会越**疲惫**，作战**士气**也会越低。

Therefore, wars must be **finished quickly and decisively**. If a war is prolonged, the troops will be **enervated**, and their **morale** drained.

每次攻占一座城都会**消耗**军队实力。

Each time an army attacks a city in particular, it will **exhaust** its strength.

而且，军队长期在外，国家的**资源**会**不断消耗**。

Furthermore, as long as the army is on campaign, the state's **resources** will be **continuously** expended.

这种情况容易**导致**其他国家趁机**侵犯**，即使是**足智多谋**的领导，也很难**挽救**。

A prolonged war like this can therefore easily **lead to** a situation of vulnerability that other states will exploit by taking the opportunity to **invade**. Even **wise and resourceful** leaders will find it difficult to **save** the state.

因此，将军一定要想办法**尽快**结束战争，**不能故意拖延**战争。

Therefore, generals must find ways to end wars **as soon as possible**, and shall not deliberately **extend** wars.

长期战争对国家有利的情况，从来就没发生过。

No country has ever benefitted overall from a **prolonged war**.

只有**彻底**了解战争潜在**坏处**的人才能成功利用它的**好处**。

It is only those who **thoroughly** understand the potential **harm** of war that can successfully obtain a **beneficial outcome**.

所以，**明智**的将军，不会过多**招收**士兵，不会多次**运输**粮食。

Hence, a **wise** general will not **recruit** too many soldiers and will not **transport** food supplies multiple times.

为了**保证**军队有**充足**的物资，应该从国内获得**军事设备**，从敌国**夺取**粮食。

To **guarantee** that the army will sustain **sufficient** supplies, you may provision **military equipment** at home, but it is necessary to **seize** food from the enemy.

军队长期在国外作战会导致国家**破产**和百姓**贫困**。

Long-term military operations abroad can lead to the **bankruptcy** of the state, as well as the **poverty** of the people.

接着，附近**物价上涨**，国家的资源也会跟着**枯竭**，结果政府就会紧急**加税**。

Then, the army will inevitably cause **inflation** in its vicinity and the resources of the state will be inexorably **depleted**. Consequently, the government will be compelled to quickly **increase taxes**.

如果军费开支过多，百姓的**资产**就会损失十分之七。

If military **expenditure** becomes excessive, the populace will lose seven-tenths of their **assets**.

政府的**资源**也会损失十分之六，比如士兵和战马的**损失**，以及器材和战车的**损伤**。

The government will also lose six-tenths of its **resources**, for example, due to the **loss** of soldiers and horses and the **damage** of equipment and chariots.

所以，**明智**的将军会从敌国**夺取**粮食，夺取敌人一石粮食，就如同我们**生产**二十石粮食一样**宝贵**。

Therefore, a **wise** general will always **seize** food supplies from the enemy. It is as **valuable** to seize one stone of the enemy's food as it is to **produce** twenty at home.

因此，要**激励**士兵的作战士气，要**奖赏**夺取敌人物资的人。

Hence, it is necessary to **motivate** soldiers' fighting morale, and to **reward** those who seize supplies from the enemy.

比如，**夺取**敌人十辆以上战车后，要最先**奖赏**第一个夺取战车的士兵。

For example, when more than ten enemy chariots are **seized**, **reward** the solider who took the first.

然后把这些战车换上我们的**旗帜**，**编入**我们的队伍。

Then mark captured chariots with our **flags** and **incorporate** them **into** our own chariot units.

对于俘虏，我们要善待他们，这是战胜敌人又强大自己的方法。

As for **captives**, we must **treat** them **kindly** (to employ them effectively). This is the way to simultaneously **defeat** the enemy's forces and strengthen our own forces.

因此，打仗一定要速战速决，不能拖延。

Therefore, battles must be **finished quickly and decisively**, and never delayed.

懂得这些原则的将军，是人民命运的领导者，是国家安危的掌握者。

The general who understands these **principles** of war is the **leader** of the fate of the people and the **master** of national security.

Key vocabulary

物资 (wù zī)	n.	supplies	明智 (míng zhì)	adj.	wise
资源 (zī yuán)	n.	resources	保证 (bǎo zhèng)	v.	to guarantee
资产 (zī chǎn)	n.	assets	侵犯 (qīn fàn)	v.	to invade
开支 (kāi zhī)	n.	expenditure	挽救 (wǎn jiù)	v.	to save (situation)
物价上涨 (wù jià shàng zhǎng)	vp.	inflation (price rise)	成本 (chéng běn)	n.	cost
生产 (shēng chǎn)	n. / v.	production / to produce	损失 (sǔn shī)	n. / v.	loss / to lose
维修 (wéi xiū)	n. / v.	repair / to repair	损伤 (sǔn shāng)	n. / v.	damage / to damage
设备 (shè bèi)	n.	equipment	激励 (jī lì)	v.	to motivate
政府 (zhèng fǔ)	n.	government	奖赏 (jiǎng shǎng)	v.	to reward
坏处 (huài chù)	n.	harm/ demerits	尽快 (jǐn kuài)	adv.	as soon as possible
好处 (hǎo chù)	n.	benefit/ merit	掌握 (zhǎng wò)	v.	to master

IDIOM 成语

sù	zhàn	sù	jué
速	战	速	决
speedy	fight	speedy	decide

To finish quickly and decisively

QUOTE 名言

ORIGINAL

bú jìn zhī yòng bīng zhī hài zhě, zé bù néng jìn zhī yòng bīng zhī lì yě.

不尽知用兵之害者，则不能尽知用兵之利也。

MODERN

zhǐ yǒu chè dǐ liǎo jiě zhàn zhēng qián zài huài chù de rén cái néng chéng gōng lì yòng tā de hǎo chù.

只有彻底了解战争潜在坏处的人才能成功利用它的好处。

It is only those who thoroughly understand the potential harm of war that can successfully obtain a beneficial outcome.

sūn zǐ rèn wéi cháng qī zhàn zhēng duì guó jiā de wēi hài shì jù dà de, nǐ tóng yì ma?

孙子认为长期战争对国家的危害是巨大的，你同意吗？

Sun Tzu believed that long-term war is very harmful for the country, do you agree?

CHINESE VERSION

孙子说：作战的前提是保证充足的物资。

要准备一千辆轻车，一千辆重车和十万军队，还要从几百公里外运输粮食和设备。

军队内部和外部每天开支巨大，包括招待嘉宾，生产和维修军事设备。

只有保证这些成本，军队才能上战场。

所以，作战应该速战速决。时间越长，军队就会越疲惫，作战士气也会越低。

每次攻占一座城都会消耗军队实力。

而且，军队长期在外，国家的资源会不断消耗。

这种情况容易导致其他国家趁机侵犯，即使是足智多谋的领导，也很难挽救。

因此，将军一定要想办法尽快结束战争，不能故意拖延战争。

长期战争对国家有利的情况，从来就没发生过。

只有彻底了解战争潜在坏处的人才能成功利用它的好处。

所以，明智的将军，不会过多招收士兵，不会多次运输粮食。

为了保证军队有充足的物资，应该从国内获得军事设备，从敌国夺取粮食。

军队长期在国外作战会导致国家破产和百姓贫困。

接着，附近物价上涨，国家的资源也会跟着枯竭，结果政府就会紧急加税。

如果军费开支过多，百姓的资产就会损失十分之七。

政府的资源也会损失十分之六，比如士兵和战马的损失，以及器材和战车的损伤。

所以，明智的将军会从敌国夺取粮食，夺取敌人一石粮食，就如同我们生产二十石粮食一样宝贵。

因此，要激励士兵的作战士气，要奖赏夺取敌人物资的人。

比如，夺取敌人十辆以上战车后，要最先奖赏第一个夺取战车的士兵。

然后把这些战车换上我们的旗帜，编入我们的队伍。

对于俘虏，我们要善待他们，这是战胜敌人又强大自己的方法。

因此，打仗一定要速战速决，不能拖延。

懂得这些原则的将军，是人民命运的领导者，是国家安危的掌握者。

móu gōng piān

谋攻篇

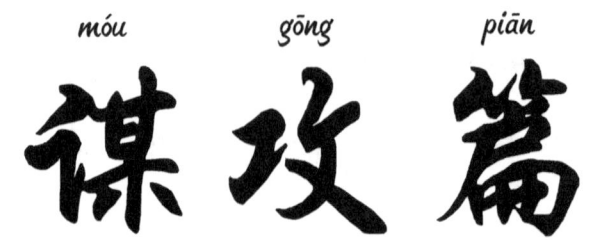

Attacking by Stratagem

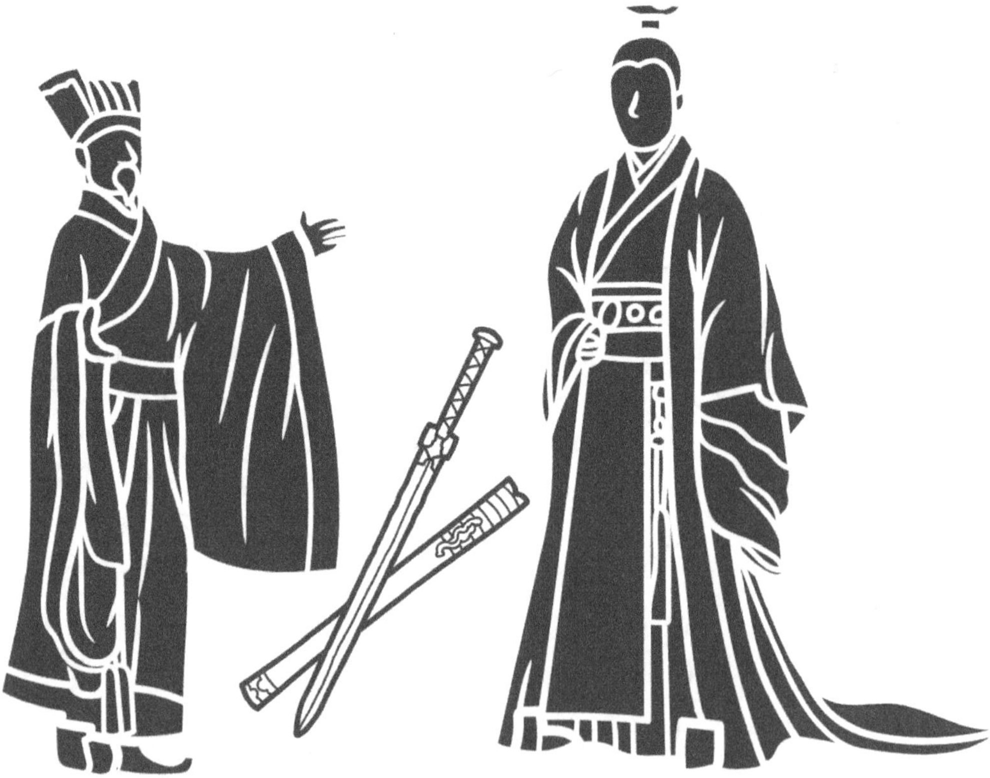

CHAPTER THREE

孙子说：打仗的原则是，让敌国全面**投降**才是最好的**策略**，用**武力**是次要的。

Sun Tzu said: in the practical art of war, the best **strategy** is to compel the enemy to completely **surrender**, while the use of **force** is the second preference.

同样地，如果能让**整个军队**投降，就不要用武力；如果能让**整个队伍**投降，也不要用武力。

Likewise, if the **entire enemy army** can be persuaded to surrender, do not use force; if an **entire unit of the enemy army** are willing to surrender, do not use force either.

因此，**百战百胜**不是最**高明**的，不用武力却能战胜敌人才是最高明的。

Hence, the most **exceptional** commander is not the one who is **victorious in every battle**, but the one who conquers the enemy without force.

所以，打仗的最好策略是**智谋**，其次是**外交**，最后才是**攻城**。

Therefore, the best strategy for fighting a war is **resourcefulness**, followed by **diplomacy**, and finally **siege**.

攻城是最后的**手段**。**制造**攻城用的大盾牌，战车和其他**设备**至少需要三个月。

Siege should be the last **resort**. It requires at least three months to **manufacture** large shields, chariots and the other **equipment** necessary to enable it.

建造攻城用的土山，又需要三个月。

Building the earthworks to attack a city will also take another three months.

如果将军急躁，**命令**士兵像蚂蚁一样爬墙攻城，导致他们死伤**三分之一**。

If the general is **impatient** and **orders** an immediate attack, with the soldiers swarming the walls like ants, the result will be the injury or death of **a third** of the soldiers.

在这种情况下，胜利的**前景**非常不确定，**失败**会是巨大的**灾难**。

In this situation, the **prospect** of victory is highly uncertain and defeat will be **disastrous**.

所以，厉害的**指挥官**，不打仗却能**战胜**敌人，不进攻却能让敌人**投降**。

Therefore, a great **commander** will **defeat** the enemy without fighting and will make the enemy **surrender** without attacking.

消灭敌国不是靠**长期**战争，而是靠"全胜"的**策略**。

The elimination of enemy states is not achieved by **long-term** war, but by the **strategy** of "complete victory" (where the capability or willingness of the enemy to fight is destroyed).

这样既保护国家和军队的**实力**，又获得最大的**利益**，才是**谋攻**的方法。

Through this, we can protect the **strength** of our own state and army and obtain the greatest **benefit**. This is the way of **attacking by stratagem**.

所以，打仗的**原则**是：如果我们的军队是敌人的**十倍**，就**包围**他。

Therefore, the **principle** of attacking is as follows: if we have **ten times** as many troops as the enemy, **surround** him.

如果是五倍，就**进攻**他；如果是两倍，就**分散**他。

If you have five times as many, **attack** him; if you have twice as many, **disperse** him.

如果实力**相等**，就要想办法**战胜**他。如果我们的军队比敌人少，就**避开**他。

If **equally** matched, find a way **to defeat** him. If outnumbered however, **avoid** him.

弱小的军队**固执**作战只会成为敌人的**俘虏**。

A weak army that **stubbornly** engages a stronger enemy will inevitably become its **captives**.

zhǐ huī guān shì guó jiā de fǔ zhù lì liàng　　fǔ zhù de yǒu xiào，guó jiā
指挥官是国家的**辅助**力量。**辅助**得**有效**，国家
jiù huì qiáng dà；fǔ zhù de wú xiào，guó jiā jiù huì shuāi ruò
就会**强大**；辅助得**无效**，国家就会**衰弱**。

The commander is the auxiliary force of the state. If he is **effective**, the state will be **powerful**. If he is **ineffective** however, the state will be **weak**.

tǒng zhì zhě duì jūn duì de wēi hài yǒu sān zhǒng：dì yī，bù zhī dào jūn
统治者对军队的**危害**有三种：第一，不知道军
duì bù kě yǐ qián jìn què mìng lìng qián jìn，bù zhī dào jūn duì bù kě yǐ
队不可以**前进**却命令前进，不知道军队不可以
hòu tuì què mìng lìng hòu tuì，zhè shì shù fù jūn duì
后退却命令后退，这是**束缚**军队。

There are three ways that the ruler may bring **harm** to the army. The first is to order the army to **advance** without understanding that it cannot advance or to order it to **retreat** without understanding that it cannot retreat - this is to **restrain** the army.

dì èr，bù dǒng jūn duì de nèi bù shì wù què yào gān yù xíng zhèng，zhè
第二，不懂军队的**内部事务**却要干预**行政**，这
shì mí huò jūn duì
是**迷惑**军队。

The second is to intervene in the **administration** of the army without understanding its **internal affairs** - this is to **confuse** the army.

dì sān，bù qīng chǔ jūn duì zhàn lüè zhàn shù de biàn huà，què gān yù jūn
第三，不清楚军队**战略战术**的变化，却**干预**军
duì de zhǐ huī，zhè huì ràng shì bīng men chǎn shēng huái yí
队的指挥，这会让士兵们产生**怀疑**。

The third is to **intervene** in the command of the army without understanding the circumstances of the conflict with regards to the **strategies and tactics** required – this will lead to **suspicion** amongst the soldiers.

jūn duì jì mí huò yòu huái yí，nà me guó jiā jiù róng yì xiàn rù wài guó
军队既**迷惑**又**怀疑**，那么国家就容易陷入外国
rù qīn de zāi nàn，yǒu zhè zhǒng qīng xiàng de tǒng zhì zhě huì gěi guó jiā hé
入侵的灾难，有这种**倾向**的统治者会给国家和
jūn duì dài lái huǐ miè
军队带来**毁灭**。

If the army is **confused** and **suspicious**, then the state will become vulnerable to the disaster of foreign **invasions**. A ruler with such **tendencies** will therefore bring **ruin** to the state and the army.

所以，战争胜利的**要素**有五种：第一，指挥官知道在什么时候应该打仗，什么时候不应该打仗。

Therefore, there are five **essentials** for victory. First, the commander must know when to fight and when not to fight.

第二，指挥官根据我方和敌方实力对比**采取**作战**策略**。

Second, the commander must **adopt** combat **strategies** based on the relative strength of our side and the enemy side.

第三，全国和全军**团结**，**目标**相同。

Third, the state and the army must be **united**, and share aligned **goals**.

第四，用**充分准备**的军队去进攻**无准备**的军队。

Fourth, one must use a **fully prepared** army to attack an **unprepared** enemy.

第五，指挥官**聪明能干**，统治者不随便**干预**。

Fifth, the commander must be **smart and capable** and the ruler must not **intervene**.

所以说：**知己知彼，百战百胜**。

Therefore, **if you know yourself and the enemy, you need not fear the results of a hundred battles**.

不了解敌人但**了解自己**，可能**胜利**，也可能**失败**。

If you don't **know** the enemy but know yourself, you may **win** or **lose**.

既不了解敌人，**又**不了解自己，每次打仗都会失败。

If you know **neither** the enemy **nor** yourself, you will inevitably be destroyed.

Key vocabulary

yuán zé 原则	n.	principle	
cè lüè 策略	n.	strategy	
wǔ lì 武力	n.	force/violence	
zhǐ huī guān 指挥官	n.	commander	
gāo míng 高明	adj.	exceptional (super smart)	
zhì móu 智谋	n.	resourcefulness	
wài jiāo 外交	n.	diplomacy	
zhì zào 制造	v.	to manufacture	
jiàn zào 建造	v.	to build	
qián jǐng 前景	n.	prospect	
zāi nàn 灾难	n.	disaster	
bǎi zhàn bǎi shèng 百战百胜	idiom	victorious in every battle	
cōng míng néng gàn 聪明能干	adj.	smart and capable	
mù biāo 目标	n.	goal	
bāo wéi 包围	v.	to surround	
fēn sàn 分散	v.	to disperse	
qiáng dà 强大	adj.	powerful	
shuāi ruò 衰弱	adj.	weak	
mí huò 迷惑	v. / adj.	to confuse / confused	
huái yí 怀疑	v. / adj.	to suspect / suspicious	
gān yù 干预	v.	to intervene	
xíng zhèng 行政	n.	administration	
qián jìn 前进	v.	to advance	
hòu tuì 后退	v.	to retreat	
huǐ miè 毁灭	n. / v.	ruin / to ruin	
tóu xiáng 投降	v.	to surrender	

IDIOM 成语

_{zhī jǐ zhī bǐ, bǎi zhàn bǎi shèng}
知己知彼，百战百胜
know yourself / know the other / hundred battles / hundred victories

If you know yourself and the enemy, you need not fear the results of a hundred battles.

PROVERB 谚语

ORIGINAL

_{bǎi zhàn bǎi shèng, fēi shàn zhī shàn zhě yě; bú zhàn ér qū rén zhī bīng, shàn zhī shàn zhě yě}
百战百胜，非善之善者也；不战而屈人之兵，善之善者也。

MODERN

_{bǎi zhàn bǎi shèng bú shì zuì gāo míng de, bú yòng wǔ lì què néng zhàn shèng dí rén cái shì zuì gāo míng de}
百战百胜不是最高明的，不用武力却能战胜敌人才是最高明的。

The most exceptional commander is not the one who is victorious in every battle, but the one who conquers the enemy without force.

QUOTE 名言

ORIGINAL

_{shàng bīng fá móu, qí cì fá jiāo, qí cì fá bīng, qí xià gōng chéng}
上兵伐谋，其次伐交，其次伐兵，其下攻城。

MODERN

_{dǎ zhàng de zuì hǎo cè lüè shì zhì móu, qí cì shì wài jiāo, zuì hòu cái shì gōng chéng}
打仗的最好策略是智谋，其次是外交，最后才是攻城。

The best strategy for fighting a war is resourcefulness, followed by diplomacy, and finally siege.

_{sūn zǐ shuō zhàn shèng dí rén, zuì hǎo yòng zhì huì hé wài jiāo, ér bú shì wǔ lì. nǐ zěn me kàn}
孙子说战胜敌人，最好用智慧和外交，而不是武力。你怎么看？

Sun Tzu said that to defeat the enemy, it's better to use wisdom and diplomacy, rather than force. What do you think?

Chinese Version

孙子说：打仗的原则是，让敌国全面投降才是最好的策略，用武力是次要的。

同样地，如果能让整个军队投降，就不要用武力；如果能让整个队伍投降，也不要用武力。

因此，百战百胜不是最高明的，不用武力却能战胜敌人才是最高明的。

所以，打仗的最好策略是智谋，其次是外交，最后才是攻城。

攻城是最后的手段。制造攻城用的大盾牌，战车和其他设备至少需要三个月。

建造攻城用的土山，又需要三个月。

如果将军急躁，命令士兵像蚂蚁一样爬墙攻城，导致他们死伤三分之一。

在这种情况下，胜利的前景非常不确定，失败会是巨大的灾难。

所以，厉害的指挥官，不打仗却能战胜敌人，不进攻却能让敌人投降。

消灭敌国不是靠长期战争，而是靠"全胜"的策略。

这样既保护国家和军队的实力，又获得最大的利益，才是谋攻的方法。

所以，打仗的原则是：如果我们的军队是敌人的十倍，就包围他。

如果是五倍，就进攻他；如果是两倍，就分散他。

如果实力相等，就要想办法战胜他。如果我们的军队比敌人少，就避开他。

弱小的军队固执作战只会成为敌人的俘虏。

指挥官是国家的辅助力量。辅助得有效，国家就会强大；辅助得无效，国家就会衰弱。

统治者对军队的危害有三种：第一，不知道军队不可以前进却命令前进，不知道军队不可以后退却命令后退，这是束缚军队。

第二，不懂军队的内部事务却要干预行政，这是迷惑军队。

第三，不清楚军队战略战术的变化，却干预军队的指挥，这会让士兵们产生怀疑。

军队既迷惑又怀疑，那么国家就容易陷入外国入侵的灾难，有这种倾向的统治者会给国家和军队带来毁灭。

所以，战争胜利的要素有五种：第一，指挥官知道在什么时候应该打仗，什么时候不应该打仗。

第二，指挥官根据我方和敌方实力对比采取作战策略。

第三，全国和全军团结，目标相同。

第四，用充分准备的军队去进攻无准备的军队。

第五，指挥官聪明能干，统治者不随便干预。

所以说：知己知彼，百战百胜。

不了解敌人但了解自己，可能胜利，也可能失败。

既不了解敌人，又不了解自己，每次打仗都会失败。

xíng *piān*

形篇

Tactical Disposition

CHAPTER FOUR

在古代，**善于**作战的人，首先会**创造**不被敌人**打败**的条件，然后**等待**机会打败敌人。

In ancient days, those who were **good at** warfare first **created** the conditions to ensure that they could not be **defeated** and then **waited for** opportunities to defeat the enemy.

我们要**掌握**不被打败的**主动权**，可是，能**打败**敌人的机会却是由敌人**创造**的。

We must, therefore, **hold** the **initiative** to avoid defeat. However, the opportunity to **defeat** the enemy is **created** by the enemy himself.

所以，高明的**指挥官**，能让自己不被打败，却不能**保证**打败敌人。

Therefore, a great **commander** can ensure that he will not be defeated, but cannot **guarantee** the defeat of the enemy.

因此：胜利是可以**预测**的，却是不可以**强求**的。

Hence, victory can be **predicted**, but cannot be **forced**.

如果不能打败敌人，就**防御**；如果能打败敌人，就**进攻**。

If we cannot defeat the enemy, **defend**; if we can defeat the enemy, **attack**.

防御是因为实力**相对**弱，进攻是因为实力**相对**强。

Defending indicates **relative** weakness, whilst attacking indicates **relative** strength.

善于防御的人就像**躲藏**在极深的地下，让敌人**无法察觉**。

Those who are good at defense **conceal** themselves as if hiding deep underground where the enemy cannot **detect** them.

善于进攻的人，就像飞在高高的天上，不仅能保护自己，而且能获得全胜。

Those who are **good** at attacking move as if flying high in the sky above, **not only** protecting themselves, **but also** gaining complete victory.

如果只用一般人的见识去预测胜利，即使打了胜仗让所有人称赞，也不算高明。

If you can only use the **insight** held by the ordinary to predict victory, no matter how many **compliments** you receive for your **victorious battles**, you will not **excel**.

就像能举起小物件不算强壮；能看见太阳和月亮不算眼睛好；能听到雷声也不算耳朵灵敏。

Just like the ability to **lift** small objects cannot be considered strength; the ability to see **the sun** and **moon** is not equivalent to keenness of vision; the ability to hear thunder does not indicate **sharpness** of hearing.

古代高明的指挥官，总是征服那些容易被征服的敌人。

Excellent commanders in ancient times always **conquered** enemies that were easy to conquer.

他们的高明不是来自名声，也不是来自成就，而是来自没有失误。

Their excellence resulted not from **reputation** or **achievement**, but from their avoidance of **mistakes**.

他们没有失误是因为他们的胜利条件建立在敌人失败的基础上。

They did not make **mistakes** because they engaged with their enemy at a time when the right conditions were **created** to defeat the enemy.

所以，**成功者**能让自己处于不被打败的**优势**中，同时不**错**过打败敌人的机会。

Therefore, the **winner** creates the **advantages** to ensure that he cannot be defeated and does not **miss** any opportunity to defeat the enemy.

胜利的军队总是先创造**有利**的条件，然后进攻敌人。

A victorious army always creates **favorable** conditions before attacking the enemy.

而失败的军队总是先进攻敌人，然后想**侥幸**获胜。

By contrast, the defeated army always attacks the enemy first (without this perquisite), and then **trusts to luck** for victory.

指挥官一定要先确保士兵严格遵守**纪律**和**法律**，才能掌握必要的**主动权**去创造这些条件。

The commander must **ensure** that soldiers strictly abide by **discipline** and **laws** to hold the **initiative** necessary to create these conditions.

作战方法要考虑以下五个方面：一是度，指土地面积。

The military method has five aspects to **consider**: firstly, measurement, refers to the **size** of the state's territory.

二是量，指**物质资源**；三是数，指军队**数量**。

Secondly, quantity, refers to **material resources**; thirdly, numbers, refers to the **number** of troops.

四是称，指**相对**军事实力；五是胜，指胜利的概率。

Fourthly, balance, refers to **relative** military strength; and fifthly, victory, refers to the **probability** of victory.

_{tǔ} _{dì} _{miàn} _{jī} _{jué} _{dìng} _{kě} _{yǐ} _{huò} _{dé} _{de} _{wù} _{zhì} _{zī} _{yuán} _{shù} _{liàng} _{wù} _{zhì}
土地面积**决定**可以**获得**的物质资源数量，物质
资源的**数量决定**可以**调动**的军队数量。

The size of the state's territory **determines** the amount of material resources that can be **obtained**, the **amount** of resources determines the number of troops that can be **mobilized**.

军队**数量**决定军队**实力**，军队实力决定胜利的可能性。

The **number** of troops determines the **strength** of the military and the strength of the military determines the **probability** of victory.

如果比较胜利的军队和失败的军队，胜利的军队就像以镒称铢，处于绝对优势。

If we compare the victorious army with the defeated army, the victorious army seems to **hold hundreds of times the strength of the enemy** (using 'yi' to weigh 'zhu'), staying at **absolute advantage**.

而失败的军队，却像以铢称镒，处于绝对劣势。

The defeated army, by contrast, seems to **lack hundreds of times the strength of the enemy** (using 'zhu' to weigh 'yi'), staying at **absolute disadvantage**.

强大军队的行动，就像积水冲入万丈深渊一样，势不可挡。

The action of a powerful army, like the surge of a torrent of water suddenly released into **a chasm ten thousand feet deep**, is therefore **inexorable**.

Key vocabulary

shàn yú 善于	v.	be good at		zhēng fú 征服	v.	to conquer
chuàng zào 创造	v.	to create		dǎ bài 打败	v.	to defeat/beat
zhǎng wò 掌握	v.	to master/ hold		chéng jiù 成就	n.	achievement
zhǔ dòng quán 主动权	n.	initiative		shī wù 失误	n.	mistake/error
chéng gōng zhě 成功者	n.	winner		què bǎo 确保	v.	to ensure
shī bài zhě 失败者	n.	loser		bǎo zhèng 保证	v.	to guarantee
fáng yù 防御	v.	to defend		fǎ lǜ 法律	n.	law
jìn gōng 进攻	v.	to attack		jì lǜ 纪律	n.	discipline
duǒ cáng 躲藏	v.	to conceal/ hide		miàn jī 面积	n.	size
chá jué 察觉	v.	to observe/ detect		shù liàng 数量	n.	number/ amount
gāo míng 高明	adj. n.	excellent excellence		jué duì 绝对	adj.	absolute
wàn zhàng shēn yuān 万丈深渊	idiom	a chasm ten thousand feet deep		jiàn shi 见识	n.	insight

IDIOM 成语

以	镒	称	铢
yǐ	yì	chēng	zhū
use	heavier weighing unit	to weigh	lighter weighing unit

Holding hundreds of times the relative strength

PROVERB 谚语

ORIGINAL

善守者，藏于九地之下，善攻者，动于九天之上。
(shàn shǒu zhě, cáng yú jiǔ dì zhī xià, shàn gōng zhě, dòng yú jiǔ tiān zhī shàng)

MODERN

善于防御的人就像躲藏在极深的地下，善于进攻的人，就像飞在高高的天上。
(shàn yú fáng yù de rén jiù xiàng duǒ cáng zài jí shēn de dì xià, shàn yú jìn gōng de rén, jiù xiàng fēi zài gāo gāo de tiān shang)

Those who are good at defense conceal themselves as if hiding deep underground. Those who are good at attacking move as if flying high in the sky above.

QUOTE 名言

ORIGINAL

举秋毫不为多力，见日月不为明目，闻雷霆不为聪耳。
(jǔ qiū háo bù wéi duō lì, jiàn rì yuè bù wéi míng mù, wén léi tíng bù wéi cōng ěr)

MODERN

能举起小物件不算强壮；能看见太阳和月亮不算眼睛好；能听到雷声不算耳朵灵敏。
(néng jǔ qǐ xiǎo wù jiàn bú suàn qiángzhuàng; néng kàn jiàn tài yáng hé yuè liàng bú suàn yǎn jīng hǎo; néng tīng dào léi shēng bú suàn ěr duo líng mǐn)

The ability to lift small objects cannot be considered strength; the ability to see the sun and moon is not equivalent to keenness of vision; the ability to hear thunder does not indicate sharpness of hearing.

孙子说：胜利是可以预测的，却是不可以强求的。应该怎样理解？
(sūn zǐ shuō: shèng lì shì kě yǐ yù cè de, què shì bù kě yǐ qiǎng qiú de. yīng gāi zěn yàng lǐ jiě?)

Sun Tzu said: victory is predictable, but it cannot be forced. How to interpret this?

Chinese Version

在古代，善于作战的人，首先会创造不被敌人打败的条件，然后等待机会打败敌人。

我们要掌握不被打败的主动权，可是，能打败敌人的机会却是由敌人创造的。

所以，高明的指挥官，能让自己不被打败，却不能保证打败敌人。

因此：胜利是可以预测的，却是不可以强求的。

如果不能打败敌人，就防御；如果能打败敌人，就进攻。

防御是因为实力相对弱，进攻是因为实力相对强。

善于防御的人就像躲藏在极深的地下，让敌人无法察觉。

善于进攻的人，就像飞在高高的天上，不仅能保护自己，而且能获得全胜。

如果只用一般人的见识去预测胜利，即使打了胜仗让所有人称赞，也不算高明。

就像能举起小物件不算强壮；能看见太阳和月亮不算眼睛好；能听到雷声也不算耳朵灵敏。

古代高明的指挥官，总是征服那些容易被征服的敌人。

他们的高明不是来自名声，也不是来自成就，而是来自没有失误。

他们没有失误是因为他们的胜利条件建立在敌人失败的基础上。

所以，成功者能让自己处于不被打败的优势中，同时不错过打败敌人的机会。

胜利的军队总是先创造有利的条件，然后进攻敌人。

而失败的军队总是先进攻敌人，然后想侥幸获胜。

指挥官一定要先确保士兵严格遵守纪律和法律，才能掌握必要的主动权去创造这些条件。

作战方法要考虑以下五个方面：一是度，指土地面积。

二是量，指物质资源；三是数，指军队数量。

四是称，指相对军事实力；五是胜，指胜利的概率。

土地面积决定可以获得的物质资源数量，物质资源的数量决定可以调动的军队数量。

军队数量决定军队实力，军队实力决定胜利的可能性。

如果比较胜利的军队和失败的军队，胜利的军队就像以镒称铢，处于绝对优势。

而失败的军队，却像以铢称镒，处于绝对劣势。

强大军队的行动，就像积水冲入万丈深渊一样，势不可挡。

Force

CHAPTER FIVE

孙子说：**管理**大军队和管理小军队是一样的，得靠**有效**的组织编制。

Sun Tzu said: the **management** of a large force is the same as the management of a small force: we must rely on an **effective** command structure.

指挥大军队作战和指挥小军队作战也是一样的，得靠有效的**号令**和**侦察**。

The **command** of a large force is also the same as the command of a small force: we must institute an effective communications system to convey **orders** and **reconnaissance**.

和敌人**对抗**而不会失败，是靠**直接**和**间接**的战术变化。

To **withstand** the enemy's attacks, we must be adept at employing both **direct** and **indirect** maneuvers.

攻击敌人，要用"以石击卵"的原则，**集中**力量**避实就虚**。

When we attack the enemy, apply the principle of "breaking an egg with a stone", **concentrate on** our strengths to **strike at the enemy's weakness whilst avoiding his strength**.

一般来说，用**直接**的方法攻击敌人，用**间接**的方法获得胜利。这就是**出奇制胜**！

In general, one engages the enemy using **direct** methods and one gains victory by using **indirect** methods. This is called **seizing victory through a surprise attack**!

高明的将军，他的**战术**就像天地一样**无穷无尽**，像江海一样**永不枯竭**。

For the great general, the **maneuvers** that he can employ are as **boundless** as heaven and earth, and as **inexhaustible** as the rivers and seas.

像日月一样**循环往复**，也像四季一样**周而复始**。

Just as the sun and the moon **endlessly circulate**, an old tactic may be effective again. Also, like the four seasons, they **continuously end and begin anew**.

音阶不过五种，五种音阶的组合，却能产生**无穷无尽**的音乐。

There are only five **musical scales**, but their combinations can produce **endless** music.

颜色不过五种，五种颜色的**组合**，却能产生**无穷无尽**的色彩。

There are only five primary colors, but their **combinations** can produce **countless** colors.

味道不过五种，五种味道的组合，却能产生**无穷无尽**的味道。

There are only five **flavors**, but their combinations can produce **boundless** tastes.

打仗的**策略**不过是"直接"和"间接"两种。"直接"和"间接"的组合，却能产生**无穷无尽**的战术。

There are only two **strategies** of attack – 'the direct' and 'the indirect', yet the combination of the two can produce **endless** maneuvers.

它们就像**圆圈旋转**，**相互转化**，**永远没有尽头**。

Just like a **revolving circle**, one can **transform** into the other, never coming to an **end**.

迅速的**水流**能让石头漂起，是因为借助了**水势**。

The rapid **current** can make the rocks float because of the **force of the water**.

猛烈的**搏斗**能让弱者立刻**死亡**，是因为掌握了**节奏**。

A fierce **assault** can cause the immediate **death** of the weak when the **pace** is mastered.

高明的将军造的势是**强大**的，掌握的节奏是**迅速**的。

The great general therefore creates **superior** force and then uses it **rapidly** (to concentrate the army into a precise strike with great force).

造势就像张开**弩机**，出击就像触动机关。

Creating force is like drawing back the bolt of a **crossbow** and striking is like **triggering** the shot.

在战场上，尽管混乱又动荡，军队却能保持不乱，阵容整齐而不被打败。

On the battlefield, therefore, despite all the **chaos** and **turmoil**, the army retains good order and remains **intact** and **undefeated**.

要用纪律和协调对抗混乱，要用**勇敢**对抗恐惧，要用**强大**对抗**软弱**。

To withstand **disorder** requires **discipline** and coordination, to withstand **fear** requires **courage**, to withstand **weakness** requires **strength**.

整齐与混乱，是**由**组织编制**决定**的；勇敢与恐惧，是**由**双方相对实力**决定**的。强大与软弱，是**由**军队部署**决定**的。

Order and disorder are **determined by** the efficacy of the army's command structure; courage and fear are **determined by** the relative strength of the two sides; strength and weakness are **determined by** the deployment of the army.

因此，当高明的将军制造**假象**迷惑敌人的时候，敌人会**上当**。

Therefore, when the great general creates an **illusion** to deceive the enemy, the enemy will **fall for** it.

同样地，当他用利益**诱惑**敌人的时候，敌人也会**上当**。

Likewise, when he **tempts** the enemy with benefits, the enemy will **fall for** it.

他一边用这些办法把敌人引入**陷阱**，一边准备**大举进攻**。

He uses these methods to draw the enemy into his **trap** whilst simultaneously preparing his troops to **attack on a large scale**.

高明的**领导**努力造势，却不**依赖**个人，而是在具体情况下**选择性地雇用**合适的人。

A great **leader** therefore creates force by not **relying on** individuals, instead he **selectively employs** the right people for each specific situation.

善于造势的人，**指挥**军队就像从山顶释放一块**巨石**一样。巨石平放就**静止**，倾斜就**滚动**。

One who is **good at** creating force therefore **commands** as if he is releasing a **great boulder** from the top a steep hill. When placed flat on the summit, it is **motionless**, yet when tilted it **rolls** (with great force).

这就是高明将军造的"势"，完全**势不可挡**！

This is the "force" created by the great general, completely **unstoppable**!

Key Vocabulary

管理 guǎn lǐ	v. n.	to manage management		整齐 zhěng qí	n. adj.	order neat/orderly
指挥 zhǐ huī	v. n.	to command commandment		混乱 hùn luàn	n. adj.	chaos/disorder chaotic
直接 zhí jiē	adj.	direct		勇敢 yǒng gǎn	n. adj.	courage courageous
间接 jiàn jiē	adj.	indirect		恐惧 kǒng jù	n. adj.	fear fearful
对抗 duì kàng	v.	to withstand		强大 qiáng dà	adj.	powerful
势不可挡 shì bù kě dǎng	idiom	unstoppable		软弱 ruǎn ruò	adj.	weak
大举进攻 dà jǔ jìn gōng	idiom	to attack at a large scale		协调 xié tiáo	n. v.	coordination to coordinate
避实就虚 bì shí jiù xū	idiom	strike at the enemy's weakness whilst avoiding his strength		有效 yǒu xiào	adj.	effective
以石击卵 yǐ shí jī luǎn	idiom	breaking an egg with a stone		无效 wú xiào	adj.	ineffective
无穷无尽 wú qióng wú jǐn	idiom	boundless/endless		诱惑 yòu huò	v.	to tempt/seduce
永不枯竭 yǒng bù kū jié	idiom	inexhaustible		假象 jiǎ xiàng	n.	illusion
循环往复 xún huán wǎng fù	idiom	endlessly circulate		搏斗 bó dòu	n. v.	assault/fight to fight

IDIOM 成语

chū qí zhì shèng
出 奇 制 胜
out　strange　to make　victory

To seize victory through a surprise attack.

QUOTE 名言

ORIGINAL

shàn zhàn zhě　qiú zhī yú shì　bù zé yú rén　gù néng zé
善战者，求之于势，不责于人，故能择
rén ér rèn shì
人而任势。

MODERN

gāo míng de lǐng dǎo nǔ lì zào shì　què bù yī lài gè
高明的领导努力造势，却不依赖个
rén　ér shì zài jù tǐ qíng kuàng xià xuǎn zé xìng de gù
人，而是在具体情况下选择性地雇
yòng hé shì de rén
用合适的人。

A great leader therefore creates force by not relying on individuals, instead he selectively employs the right people for each specific situation.

sūn zǐ rèn wéi zài jìng zhēng zhōng　jiàn jiē de fāng fǎ wǎng
孙子认为在竞争中，间接的方法往
wǎng bǐ zhí jiē de fāng fǎ gèng néng huò dé chéng gōng　nǐ
往比直接的方法更能获得成功。你
tóng yì ma
同意吗？

Sun Tzu believed that in competitions, indirect methods are often more effective than direct methods to obtain the victory. Do you agree?

Chinese Version

孙子说：管理大军队和管理小军队是一样的，得靠有效的组织编制。

指挥大军队作战和指挥小军队作战也是一样的，得靠有效的号令和侦察。

和敌人对抗而不会失败，是靠直接和间接的战术变化。

攻击敌人，要用"以石击卵"的原则，集中力量避实就虚。

一般来说，用直接的方法攻击敌人，用间接的方法获得胜利。这就是出奇制胜！

高明的将军，他的战术就像天地一样无穷无尽，像江海一样永不枯竭。

像日月一样循环往复，也像四季一样周而复始。

音阶不过五种，五种音阶的组合，却能产生无穷无尽的音乐。

颜色不过五种，五种颜色的组合，却能产生无穷无尽的色彩。

味道不过五种，五种味道的组合，却能产生无穷无尽的味道。

打仗的策略不过是"直接"和"间接"两种。"直接"和"间接"的组合，却能产生无穷无尽的战术。

它们就像圆圈旋转，相互转化，永远没有尽头。

迅速的水流能让石头漂起，是因为借助了水势。

猛烈的搏斗能让弱者立刻死亡，是因为掌握了节奏。

高明的将军造的势是强大的，掌握的节奏是迅速的。

造势就像张开弩机，出击就像触动机关。

在战场上，尽管混乱又动荡，军队却能保持不乱，阵容整齐而不被打败。

要用纪律和协调对抗混乱，要用勇敢对抗恐惧，要用强大对抗软弱。

整齐与混乱，是由组织编制决定的；勇敢与恐惧，是由双方相对实力决定的。强大与软弱，是由军队部署决定的。

因此，当高明的将军制造假象迷惑敌人的时候，敌人会上当。

同样地，当他用利益诱惑敌人的时候，敌人也会上当。

他一边用这些办法把敌人引入陷阱，一边准备大举进攻。

高明的领导努力造势，却不依赖个人，而是在具体情况下选择性地雇用合适的人。

善于造势的人，指挥军队就像从山顶释放一块巨石一样。巨石平放就静止，倾斜就滚动。

这就是高明将军造的"势"，完全势不可挡！

xū shí piān

虚实篇

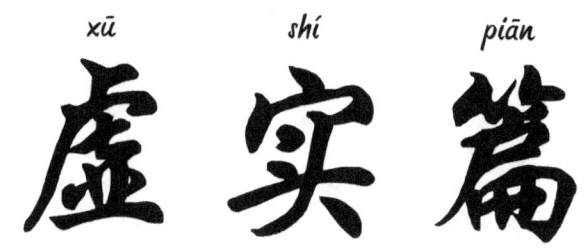

Weakness and Strength

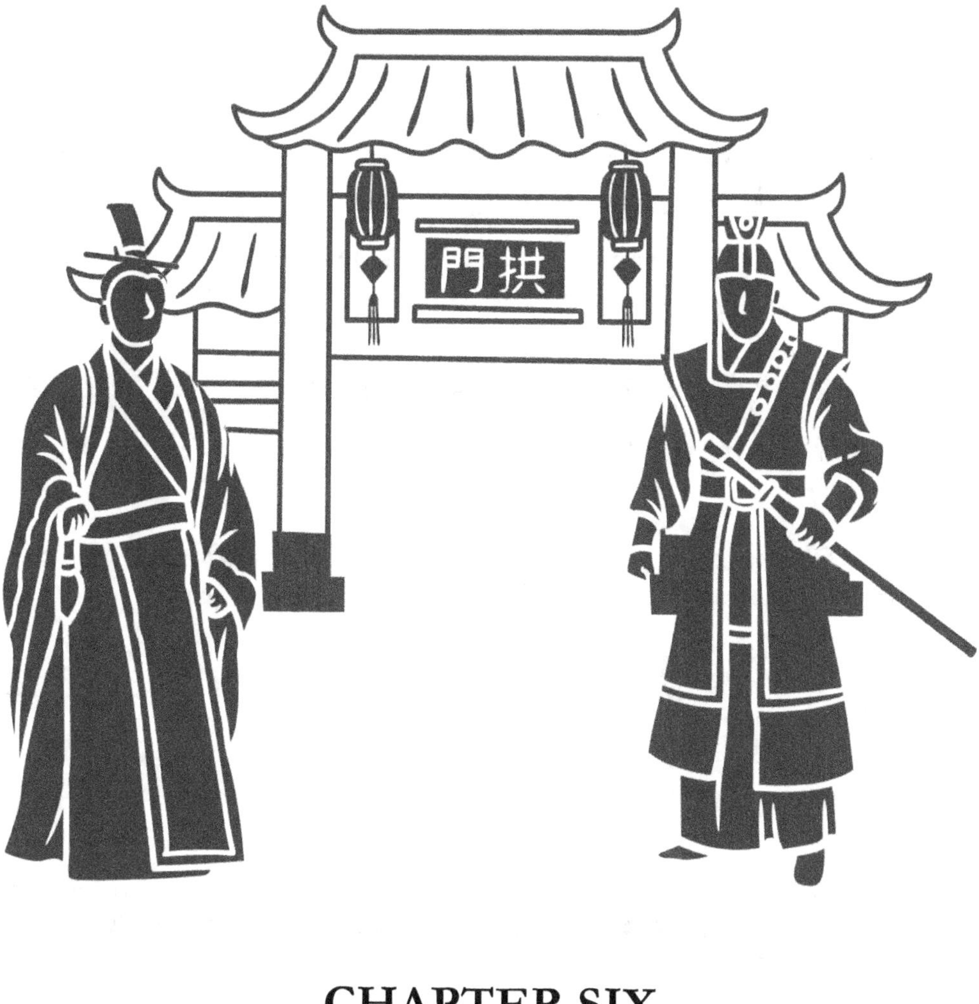

CHAPTER SIX

孙子说：先到达战场的一方**安逸主动**，因为有时间休息。后到达战场的一方**疲劳被动**，因为没有时间休息。

Sun Tzu said: whichever side arrives first on the battlefield enjoys **comfort and holds the initiative**, because it has time to rest. The other side arriving later is, by contrast, **tired and passive**, because it has little time to rest.

因此，高明的指挥官必须**迫使**敌人行动，而不是**被迫使**行动。

Therefore, the great commander must **compel** the enemy to act, instead of **being compelled** into action.

想让敌人**前进**，就用利益**引诱**他。不想让敌人前进，就**制造**困难阻止他。

To force the enemy to **advance**, use benefits to **seduce** him. To prevent the enemy from advancing, **manufacture** difficulties that will impede him.

所以，如果敌人**安逸**，就让他疲劳；如果敌人**饱足**，就让他饥饿。如果敌人不动，就让他行动。

Therefore, if the enemy is **well-rested**, tire him; if the enemy is **well fed**, make him **hungry**; if the enemy is well-positioned, compel him to move.

要向敌人没有**防备**的方向前进，要在敌人**不注意**的时候进攻。

We must advance to positions where the enemy is not prepared to **defend**, and **attack** when the enemy is **not paying attention**.

走了千里的**路程**却不累，是因为**经过**的地方没有被敌人占领。

The reason we can march a great **distance** without fatigue is that we **crossed** terrain that was unoccupied by the enemy.

进攻敌人成功，是因为进攻的地方缺少敌人的防备。

The reason we can **succeed** in an attack is that it is directed at an area that lacks adequate **defenses**.

防备敌人成功，是因为**事先**知道敌人的进攻**计划**。

The reason we can succeed in defending is that we know **in advance** the enemy's **plan** of attack.

所以，**善于进攻**的人能让敌人不知道在哪里防备。**善于防备**的人能让敌人不知道在哪里进攻。

Therefore, an **effective attacker** ensures that the enemy cannot predict where he will attack. Likewise, an **effective defender** confuses the enemy so that he cannot determine where to attack.

要**巧妙**，巧妙得让敌人无法辨别我们的行动；也要**神奇**，神奇得让敌人听不到消息，这就是怎样掌握敌人的**命运**。

Be **ingenious**, so ingenious that the enemy cannot discern our actions. Be **magical**, so magical that the enemy cannot anticipate our coming! That is how we control the **fate** of the enemy.

敌人无法**抵抗**我们的进攻，是因为我们击中了敌人的**弱点**。我们**撤退**，敌人却追不上，是因为我们的速度**超**过了敌人。

The reason why the enemy cannot **resist** our attack is that we managed to strike his **weakness**. The reason why the enemy cannot catch us when we **retreat** is that our speed **exceeds** his.

如果我们进攻的是敌人**防备不周**的地方，即使他要穿过**高墙深沟**，也会来。

If we attack the enemy's **poorly defended** positions that he must save, he will be compelled to come to their rescue, even if he must go through **high walls and deep ditches**.

如果我们不想作战，即使敌人知道我们的位置，我们也可以通过分散他的注意力阻止他。

Additionally, if we do not wish to **fight**, even if our position is known by the enemy, we can prevent him from engaging us by **distracting** his **attention**.

所以要了解敌人的情况，同时要隐藏我们的情况，使我们的兵力集中，敌人的兵力分散。

Therefore, we must **understand** the enemy's situation and **in the meanwhile** conceal our own from him. This will simultaneously enable our forces to remain **concentrated** and compel those of the enemy to **scatter**.

如果我们的兵力集中在一处，敌人的兵力分散在十处，就相当于我们用十倍的兵力去进攻敌人。

If we can create a situation where our forces are **concentrated** in one place and those of the enemy are **scattered** in ten places, then it will be **equivalent to** using ten times our strength to **attack** the enemy.

这就形成了我们比敌人强的态势，减少了与我们直接作战的敌人。

This is **potential force** that magnifies our strength relative to the enemy, **decreasing** the number of enemy troops that can **directly** engage us.

如果敌人不知道我们进攻的位置，就会到处分散防备，他防备的地方越多，能直接与我们作战的地方就越少。

If the enemy does not know where we will **attack**, he will **scatter** his defenses everywhere. The more places that the enemy **defends**, the fewer places he can **directly** fight us.

不管敌人努力防备哪一方，其他方位的防备必然会不足。

Regardless of which side of his position the enemy diligently guards, his defenses facing the other directions will **inevitably** be insufficient.

如果敌人到处都防备，那么到处都会兵力**不足**。

If the enemy attempts to guard all sides, then his troops will be **insufficient** everywhere.

如果能**预料**和敌人作战的位置和日期，即使**长途跋涉**也可以和敌人作战。

If we can **predict** the time and location of the battle, we can still fight with the enemy even if we must **travel a great distance**.

不能**预料**作战的位置和日期，就会发生：救左边，不能救右边；救右边，不能救左边；救前面，不能救后面；救后面，不能救前面。

If we cannot **predict** the time and location of the battle, the left-wing of the army cannot support the right; the right cannot support the left; the rear cannot support the vanguard and the vanguard cannot support the rear.

更何况战场范围最远的有几千米，最近的**至少**有一千米。

Not to mention that the furthest units of the army in the battlefield are separated by several kilometers, with the closet **at least** one kilometer apart.

所以，胜利是可以**创造**的。虽然敌人的军队多，我们却能让他无法**有效**地与我们作战。

Hence, victory can be **created**. Even if the enemy has many troops, we can prevent him from having the means to fight with us **effectively**.

因此，要了解敌人的行动**规则**，要预料敌人的作战**策略**。

This is achieved by understanding the enemy's **rules** of operation and by predicting the **strategies** that he will employ.

要诱惑敌人行动，发现作战地形。探查敌人，了解他的弱点。

We must **lure** the enemy into action to discover the combat terrain and **probe** the enemy to understand his **weakness**.

这样既诱惑敌人暴露自己，又让我们保持无形。

In this way we will compel the enemy to **reveal** himself whilst remaining **formless** ourselves.

如果我们保持无形，即使是最厉害的高手也不能打败我们。

If we can remain formless, even **the greatest minds** cannot defeat us.

将军根据敌人的情况实施作战策略而获得胜利，却很少有人懂这些策略。

The general who achieves formlessness implements **strategies** according to the enemy's disposition, yet few can **comprehend** those strategies.

大家只知道用了哪些胜利的个别技巧，却不知道这些技巧是怎样运用的。

The masses can see only the individual **tactics** that produced the victory, but cannot understand how those tactics were **used** in a strategy.

其实，每次打败敌人的技巧都不一样，不同的情况得用不同的技巧。

In fact, the tactics employed in defeating the enemy **vary** and the usage of each depends on the **situation**.

作战的方法就像水的流动。水从高处流向低处，作战要避实击虚。

The method of fighting is like the **flow** of water. Water flows from a high place to a low place. In combat, we must **avoid the enemy's strength and attack his weakness**.

水流的方向是地形**决定**的，作战的方法是根据敌人的情况**制定**的。

The direction of the water flow is **determined** by the terrain, and the method of combat is **formulated** according to the enemy's situation.

因此，作战没有**固定**的方法，就像水没有固定的**形态**。

Therefore, there is no **fixed** strategy in combat, just as there is no fixed **form** for the flow of water.

根据敌人的情况去**制定**有效的作战方法来获得胜利，就叫做"**用兵如神**"。

Being able to **formulate** effective strategies according to the enemy's situation to achieve victory is called "**deploy troops like God**."

五行（金、木、水、火、土）**不**会保持**不变**，**四季**（春、夏、秋、冬）也不会保持不变。

The **five elements** (gold, wood, water, fire, and earth) do not remain **unchanged**, nor do the **four seasons** (spring, summer, autumn, and winter) remain unchanged.

一天的长度**不时**变化，月亮的**形状**也不时变化。**世界上**的一切都在不断变化。

The length of the day varies **from time to time** as does the **shape** of the moon. Everything **in the world** is constantly changing.

Key Vocabulary

相当于 xiāng dāng yú	vp.	be equivalent to
更何况 gèng hé kuàng	con.	not to mention that
指挥官 zhǐ huī guān	n.	commander
饱(足) bǎo zú	adj.	full/well-fed
饥饿 jī è	adj.	hungry
长途跋涉 cháng tú bá shè	idiom	travel a great distance
用兵如神 yòng bīng rú shén	idiom	to deploy troops most effectively (like God)
巧妙 qiǎo miào	adj.	ingenious
神奇 shén qí	adj.	magical
抵抗 dǐ kàng	v.	to resist
撤退 chè tuì	v.	to retreat
分散 fēn sàn	v.	to scatter/distract
集中 jí zhōng	v.	to concentrate
安逸 ān yì	adj.	comfortable/well-rested
疲劳 pí láo	adj.	tired
必然 bì rán	adj.	inevitable
充足 chōng zú	adj.	sufficient
不足 bù zú	adj.	insufficient
事先 shì xiān	v.	prior/in advance
计划 jì huà	v. / n.	to plan / plan
运用 yùn yòng	v.	to use/apply
暴露 bào lù	v.	to reveal
隐藏 yǐn cáng	v.	to conceal
高手 gāo shǒu	n.	master/great mind
决定 jué dìng	v.	to decide/determine
制定 zhì dìng	v.	to formulate

IDIOM 成语

_{bì} 避 avoid   _{shí} 实 solid   _{jī} 击 attack   _{xū} 虚 weak

To strike at the enemy's weakness whilst avoiding his strength.

QUOTE 名言

ORIGINAL

_{bīng wú cháng shì}　_{shuǐ wú cháng xíng}
兵无常势，水无常形。

MODERN

_{zuò zhàn méi yǒu gù dìng de fāng fǎ}　　_{jiù xiàng shuǐ méi yǒu}
作战没有固定的方法，就像水没有
_{gù dìng de xíng tài}
固定的形态。

There is no fixed strategy in combat, just as there is no fixed form for the flow of water.

_{sūn zǐ shuō zài jìng zhēng zhōng yīng gāi líng huó yìng duì　　yào}
孙子说在竞争中应该灵活应对，要
_{gēn jù jù tǐ qíng kuàng zhì dìng cè lüè　　nǐ tóng yì ma}
根据具体情况制定策略，你同意吗？

Sun Tzu said that in competition, we should respond flexibly and formulate strategies according to the specific situations. Do you agree?

Chinese Version

孙子说：先到达战场的一方安逸主动，因为有时间休息。后到达战场的一方疲劳被动，因为没有时间休息。

因此，高明的指挥官必须迫使敌人行动，而不是被迫使行动。

想让敌人前进，就用利益引诱他。不想让敌人前进，就制造困难阻止他。

所以，如果敌人安逸，就让他疲劳；如果敌人饱足，就让他饥饿。如果敌人不动，就让他行动。

要向敌人没有防备的方向前进，要在敌人不注意的时候进攻。

走了千里的路程却不累，是因为经过的地方没有被敌人占领。

进攻敌人成功，是因为进攻的地方缺少敌人的防备。

防备敌人成功，是因为事先知道敌人的进攻计划。

所以，善于进攻的人能让敌人不知道在哪里防备。善于防备的人能让敌人不知道在哪里进攻。

要巧妙，巧妙得让敌人无法辨别我们的行动；也要神奇，神奇得让敌人听不到消息，这就是怎样掌握敌人的命运。

敌人无法抵抗我们的进攻，是因为我们击中了敌人的弱点。我们撤退，敌人却追不上，是因为我们的速度超过了敌人。

如果我们进攻的是敌人防备不周的地方，即使他要穿过高墙深沟，也会来。

如果我们不想作战，即使敌人知道我们的位置，我们也可以通过分散他的注意力阻止他。

所以要了解敌人的情况，同时要隐藏我们的情况，使我们的兵力集中，敌人的兵力分散。

如果我们的兵力集中在一处，敌人的兵力分散在十处，就相当于我们用十倍的兵力去进攻敌人。

这就形成了我们比敌人强的态势，减少了与我们直接作战的敌人。

如果敌人不知道我们进攻的位置，就会到处分散防备，他防备的地方越多，能直接与我们作战的地方就越少。

不管敌人努力防备哪一方，其他方位的防备必然会不足。

如果敌人到处都防备，那么到处都会兵力不足。

如果能预料和敌人作战的位置和日期，即使长途跋涉也可以和敌人作战。

不能预料作战的位置和日期，就会发生：救左边，不能救右边；救右边，不能救左边；救前面，不能救后面；救后面，不能救前面。

更何况战场范围最远的有几千米，最近的至少有一千米。

所以，胜利是可以创造的。虽然敌人的军队多，我们却能让他无法有效地与我们作战。

因此，要了解敌人的行动规则，要预料敌人的作战策略。

要诱惑敌人行动，发现作战地形。探查敌人，了解他的弱点。

这样既诱惑敌人暴露自己，又让我们保持无形。

如果我们保持无形，即使是最厉害的高手也不能打败我们。

将军根据敌人的情况实施作战策略而获得胜利，却很少有人懂这些策略。

大家只知道用了哪些胜利的个别技巧，却不知道这些技巧是怎样运用的。

其实，每次打败敌人的技巧都不一样，不同的情况得用不同的技巧。

作战的方法就像水的流动。水从高处流向低处，作战要避实击虚。

水流的方向是地形决定的，作战的方法是根据敌人的情况制定的。

因此，作战没有固定的方法，就像水没有固定的形态。

根据敌人的情况去制定有效的作战方法来获得胜利，就叫做"用兵如神"。

五行（金、木、水、火、土）不会保持不变，四季（春、夏、秋、冬）也不会保持不变。

一天的长度不时变化，月亮的形状也不时变化。世界上的一切都在不断变化。

Tactical Maneuvering

CHAPTER SEVEN

孙子说：从将军接受国君的**命令**、组织军队，到在战场与敌人对**抗**，最难的是"**军争**"。

Sun Tzu said: for the general, from receiving his **command** from the monarch, to organizing the army and then to **confronting** the enemy on the battlefield, there is nothing more difficult than "**tactical maneuver.**"

"军争"的难点是把**曲折**的途径变成**顺利**的途径，把**不利**的因素变成**有利**的因素。

The difficulty of tactical maneuvering is to turn the **circuitous** path into the **smooth** path and **disadvantageous** factors into **advantageous** factors.

所以，我们要用利益**引诱**敌人，让他走曲折的**途径**。这样，即使我们后**出发**，却能先**到达**。这种策略就叫"**以迂为直**"。

We must therefore **lure** the enemy to take the circuitous **path** by enticing him with benefits. Through this, although our army **sets off** later, we will **arrive** first. Such strategy is called "**the artifice of deviation.**"

所以，"军争"有好处，也有坏处。带上所有的**重装备**和**物资**出发，会**减缓**前进速度。

Engaging in tactical maneuvers can lead to advantages and disadvantages. Marching with all the army's heavy **equipment** and **supplies** will **diminish** the speed of advance.

如果有**节奏**地前进，让重装备和物资**落伍**，军队会面临被**俘虏**或**剿灭**的危险。

By marching troops **at pace**, however, and leaving the heavy equipment and supplies to **lag behind**, we leave the army exposed to the risk of **capture** or **destruction**.

如果军队**卸下**重装备和物资，**加快**前进五十公里，那么，将军很可能会被**俘虏**。

If the army **abandons** its heavy equipment and supplies and marches very **rapidly** for 50 kilometers, the generals will be likely **captured**.

强壮的士兵虽然先到，多数士兵却落后。最终只有十分之一的人能到达战场。

Although the **strong** soldiers will reach the battlefield, the **majority** will lag behind. Ultimately, only **one tenth** of the army will reach the **battlefield**.

如果行走二十五公里，**先锋将军**一样会遇到阻碍，结果只有一半的人能到达。

If covering 25 kilometers in this manner, the **vanguard general** is still likely face **obstacles** and ultimately only half of the army will reach the battlefield.

哪怕只行走十五公里，最终也只有三分之二的人能到达。

Even if only covering fifteen kilometers, **ultimately** only two-thirds of the army will reach the battlefield.

因此，军队没有重装备就会失败，没有粮食就会挨饿，没有物资就不能生存。

Therefore, the army will **lose** without its heavy equipment, will **starve** without food, and cannot **survive** without its supplies.

如果不知道其他国家的目的，就不要结盟。如果不熟悉山林、山谷、峡谷和沼泽，就不要前进。

If we do not know the **intentions** of other countries, we should not **form alliances**. If we are not familiar with the **mountain forests**, the valleys, **the gorges**, and the marshes, we should not **advance**.

要用当地向导帮我们利用地形。要制造假象迷惑敌人，以隐瞒我们的真实目的。也要根据情况变化去分散或集中士兵。

We must use local **guides** in order to take advantage of favorable terrain. We must **make feints** to deceive the enemy as to our true **intention** and we must **concentrate** or **disperse** our forces as the situation changes.

迅速前进的时候，要像猛烈的狂风；慢速前进的时候，要像整齐的森林。

When advancing **rapidly**, be like the **fierce** wind; when advancing **slowly**, an impenetrable **forest**.

进攻敌人的时候，要像燃烧的烈火；防守的时候，要像坚实的大山。

When attacking, act like a **raging** fire; when defending, an **unshakable** mountain.

隐藏的时候，要像被乌云遮挡的日月；进攻的时候，要像惊人的雷电。

And when hiding, be like **the Sun and Moon** concealed beneath a thick wall of cloud; when moving, the striking **thunder and lightning**.

掠夺的物资要分送给士兵，占领的疆土要奖励给大臣，谁懂得这"以迂为直"的策略，谁就能胜利。这就是"军争"的原则。

When we **raid**, distribute the goods to the soldiers. When we conquer **territory**, reward the **ministers** with it. Whoever understands and employs the strategy of the "artifice of deviation" will consequently win the war. This is the **principle** of tactical maneuver.

《军政》中说：在战场上如果用话语指挥，大家听不见，所以用鼓。

The Book of Army Management says: on the battlefield, if we use the **spoken word** to command, no one will hear, hence we must use **drums**.

如果用动作指挥，大家看不见，所以用旗。所以，鼓和旗，是为了统一士兵的行动。

If we use **gestures** to command, no one will see, hence we must use **flags**. Therefore, drums and flags are necessary to **unify** the army's movements.

只要军队行动统一，那么，勇敢的士兵就不会单独前进，胆怯的士兵也不会单独后退，这就是协调大军队的方法。

As long as the army's movements are unified, then the **brave** soldiers will not **advance** alone, nor will the **timid** soldiers **retreat** alone. This is the way to **coordinate** a large army.

因此，在晚上作战，要用信号火和鼓；在白天作战，要用旗，这样是为了适应士兵的视听。

Hence, in night battles, we must use **signal fires** and drums; in battles during the day, we must use **flags**. This is to adapt to the soldiers' **eyesight and hearing**.

我们要挫败敌军的士气；要动摇将军的决心。军队士气在早上最高，中午变弱，晚上最低。

We must damage the **morale** of the enemy soldiers and break the **resolve** of their generals. The morale of the army is at its **zenith** in the morning and **ebbs** throughout the day, reaching its **nadir** at dusk.

高明的将军会在敌人士气高的时候避开，在敌人士气衰退的时候进攻，这是掌握士气的方法。

The great general **avoids** the enemy when their morale is high and strikes them when it has **declined**. This is the way to master morale.

用我们的整齐来对付敌人的混乱，用我们的镇静来对付敌人的浮躁，这是掌握纪律的方法。

Attack a **chaotic** enemy with a **well-ordered** force, confront an **impetuous** enemy with a **tranquil** mind. This is the way to master discipline.

用近距离的军队去对付从远距离来的军队，用休整好的军队去对付疲劳的军队，用饱足的军队去对付饥饿的军队，这是保持实力的方法。

Use troops that are near to **confront** those that have travelled far, use **well-rested** troops to confront those that are **exhausted** and use **well-fed** troops to confront those that are **hungry**. This is the way to foster your army's strength.

不要去进攻整齐或者高士气的军队,这是掌握灵活战术的方法。

Do not attack a **well-ordered** army or an army with **high morale**. This is the way to master **flexible** tactics.

不要进攻那些占据高地、背靠丘陵的敌人;不要追击那些假装逃走的敌人。

Do not confront an enemy who occupies **high ground** with **hills** at their back; do not **chase** the enemy who merely feigns retreat.

不要被充当诱饵的军队愚弄,不要阻止敌人退回本国。

Do not be **fooled** by an army acting as **bait** for a trap and do not **impede** the enemy from **retreating** to their territory.

包围敌人的时候,要留缺口。如果敌人陷入绝境,不要过分逼迫。这些都是军争的基本原则。

If we **surround** the enemy, leave an **outlet** for their escape. If the enemy army has fallen into **desperation**, don't **press** them too hard. These are the **basic principles** of tactical maneuver.

Key vocabulary

曲折 qū zhé	*adj.*	circuitous		集中 jí zhōng	*v.*	to concentrate
顺利 shùn lì	*adj.*	smooth		分散 fēn sàn	*v.*	to disperse
途径 tú jìng	*n.*	path/method		结盟 jié méng	*v.*	to form an alliance
因素 yīn sù	*n.*	factor		前进 qián jìn	*v.*	to advance
出发 chū fā	*v.*	to set off		后退 hòu tuì	*v.*	to retreat
到达 dào dá	*v.*	to arrive		猛烈 měng liè	*adj.*	fierce
减缓 jiǎn huǎn	*v.*	to diminish/slow down		惊人 jīng rén	*adj.*	shocking/striking
加快 jiā kuài	*v.*	to speed up		挫败 cuò bài	*v.*	to damage
俘虏 fú lǔ	*v.* / *n.*	to capture / captive		士气 shì qì	*n.*	morale
剿灭 jiǎo miè	*v.*	to destroy (army)		镇静 zhèn jìng	*adj.* / *n.*	tranquil/calm / calmness
有利 yǒu lì	*adj.*	advantageous		浮躁 fú zào	*adj.* / *n.*	impetuous / impetuosity
不利 bú lì	*adj.*	disadvantageous		绝境 jué jìng	*n.*	desperation

IDIOM

以 迂 为 直
yǐ yū wéi zhí
use circuitous as smooth

To turn disadvantage into advantage
(the artifice of deviation)

QUOTE

ORIGINAL

其疾如风，其徐如林；
qí jí rú fēng, qí xú rú lín;
侵掠如火，不动如山；
qīn lüè rú huǒ, bú dòng rú shān;
难知如阴，动如雷震。
nán zhī rú yīn, dòng rú léi zhèn.

MODERN

迅速前进的时候，要像猛烈的狂风；
xùn sù qián jìn de shí hou, yào xiàng měng liè de kuáng fēng;
慢速前进的时候，要像整齐的森林。
màn sù qián jìn de shí hou, yào xiàng zhěng qí de sēn lín.
进攻敌人的时候，要像燃烧的烈火；
jìn gōng dí rén de shí hou, yào xiàng rán shāo de liè huǒ;
防守的时候，要像坚实的大山。
fáng shǒu de shí hou, yào xiàng jiān shí de dà shān.
隐藏的时候，要像被乌云遮挡的日月；
yǐn cáng de shí hou, yào xiàng bèi wū yún zhē dǎng de rì yuè;
进攻的时候，要像惊人的雷电。
jìn gōng de shí hou, yào xiàng jīng rén de léi diàn.

When advancing rapidly, be like the fierce wind.
When advancing slowly, an impenetrable forest.
When attacking, act like a raging fire; when defending, an unshakable mountain.
And when hiding, be like the Sun and Moon concealed beneath a thick wall of cloud; when moving, the striking thunder and lightning.

孙子说如果不知道别人的目的，就不要跟他结盟，你怎么看？
sūn zǐ shuō rú guǒ bù zhī dào bié rén de mù dì, jiù bú yào gēn tā jié méng, nǐ zěn me kàn?

Sun Tzu said that if you don't know the purpose of another person, you should not form an alliance with him. What do you think?

Chinese Version

孙子说：从将军接受国君的命令、组织军队，到在战场与敌人对抗，最难的是"军争"。

"军争"的难点是把曲折的途径变成顺利的途径，把不利的因素变成有利的因素。

所以，我们要用利益引诱敌人，让他走曲折的途径。这样，即使我们后出发，却能先到达。这种策略就叫"以迂为直"。

所以，"军争"有好处，也有坏处。带上所有的重装备和物资出发，会减缓前进速度。

如果有节奏地前进，让重装备和物资，落伍，军队会面临被俘虏或剿灭的危险。

如果军队卸下重装备和物资加快前进五十公里，那么，将军很可能会被俘虏。

强壮的士兵虽然先到，多数士兵却落后。最终只有十分之一的人能到达战场。

如果行走二十五公里，先锋将军一样会遇到阻碍，结果只有一半的人能到达。

哪怕只行走十五公里，最终也只有三分之二的人能到达。

因此，军队没有重装备就会失败，没有粮食就会挨饿，没有物资就不能生存。

如果不知道其他国家的目的，就不要结盟。如果不熟悉山林、山谷、峡谷和沼泽，就不要前进。

要用当地向导帮我们利用地形。要制造假象迷惑敌人，以隐瞒我们的真实目的。也要根据情况变化去分散或集中士兵。

迅速前进的时候，要像猛烈的狂风；慢速前进的时候，要像整齐的森林。

进攻敌人的时候，要像燃烧的烈火；防守的时候，要像坚实的大山。

隐藏的时候，要像被乌云遮挡的日月；进攻的时候，要像惊人的雷电。

掠夺的物资要分送给士兵，占领的疆土要奖励给大臣，谁懂得这"以迂为直"的策略，谁就能胜利。这就是"军争"的原则。

《军政》中说：在战场上如果用话语指挥，大家听不见，所以用鼓。

如果用动作指挥，大家看不见，所以用旗。所以，鼓和旗，是为了统一士兵的行动。

只要军队行动统一，那么，勇敢的士兵就不会单独前进，胆怯的士兵也不会单独后退，这就是协调大军队的方法。

因此，在晚上作战，要用信号火和鼓；在白天作战，要用旗，这样是为了适应士兵的视听。

我们要挫败敌军的士气；要动摇将军的决心。军队士气在早上最高，中午变弱，晚上最低。

高明的将军会在敌人士气高的时候避开，在敌人士气衰退的时候进攻，这是掌握士气的方法。

用我们的整齐来对付敌人的混乱，用我们的镇静来对付敌人的浮躁，这是掌握纪律的方法。

用近距离的军队去对付从远距离来的军队，用休整好的军队去对付疲劳的军队，用饱足的军队去对付饥饿的军队，这是保持实力的方法。

不要去进攻整齐或者高士气的军队，这是掌握灵活战术的方法。

不要进攻那些占据高地、背靠丘陵的敌人；不要追击那些假装逃走的敌人。

不要被充当诱饵的军队愚弄，不要阻止敌人退回本国。

包围敌人的时候，要留缺口。如果敌人陷入绝境，不要过分逼迫。这些都是军争的基本原则。

jiǔ biàn piān

九變篇

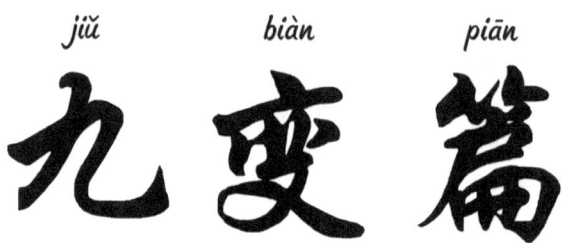

Tactical Variation

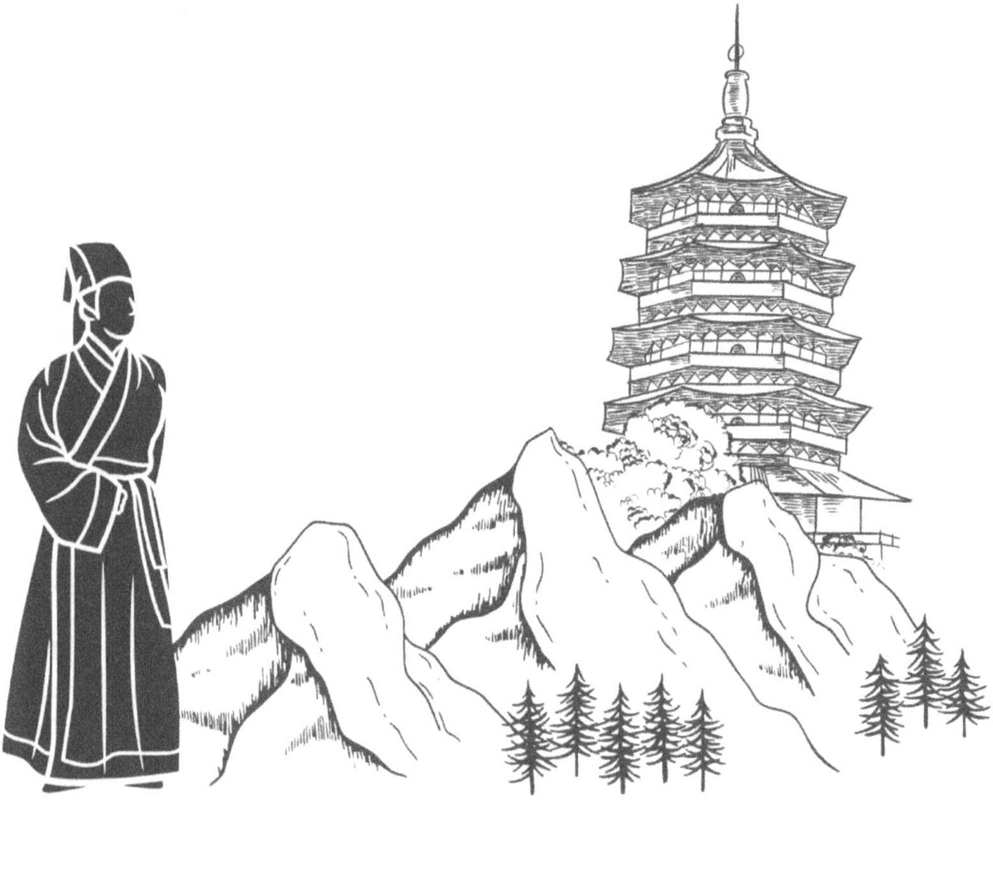

CHAPTER EIGHT

孙子说：不要在交通不便的地方扎营；要在交通方便的地方与邻国建立友好关系。不要在偏僻的地方停留。

Sun Tzu said: do not encamp in terrain where **transportation** is difficult. Instead, position ourselves on focal terrain, coordinate with our allies and ensure friendly **relations** with the **neighboring states**. Don't linger in **isolated** places.

如果被包围，要用计逃走；如果遇到绝境，一定要坚持作战。

If we are surrounded, we must immediately **determine a strategy to escape**. In a desperate situation, we must **persist in fighting**.

有些路不要走，有些军队不要进攻；有些城市和地区不要攻占。有些国君的命令，可以不遵从。

Some roads must not be taken, some armies must not be **attacked**, and some cities or **areas** must not be assaulted. Some of the **orders** from the monarch may be **disobeyed** (if they are not appropriate for the army's situation).

真正明白这些战术变化的将军才是高明的指挥官。如果不明白，即使知道地形，也不能很好地利用。

The general who truly understands these **tactical variations** will be a great **commander**. By contrast, the general who fails to understand them will not be able to make effective use of the **terrain**.

即使知道"五利"，也不能有效地指挥他的军队。明智的将军在制定计划时会仔细权衡各方面的利弊。

Even if he is aware of the "five benefits", he will not be able to **effectively** command his men. The **wise** general therefore carefully **weighs** the **pros and cons** of the various permutations when formulating his plans.

在有利的情况下想到不利的一面,并相应地制定降低风险的计划。在不利的情况下想到有利的一面。

He considers the possible downsides of advantageous circumstances and plans accordingly to **mitigate risk**. He can also determine and seize the **advantages** hidden in **disadvantageous** situations.

因此,要制造麻烦让敌人屈服,要制造复杂的事让敌人分心,要用利益引诱敌人做有害的行动。

It is necessary to create **trouble** to force the enemy to **surrender**, to create **complicated matters** to distract him, and to use benefits to lure him into **harmful** actions.

不要有敌人不来的侥幸心理,要充分准备等待敌人。也不要有敌人不进攻的侥幸心理,要让我们的防御坚实。

Do not rely on the **assumption** that the enemy will not come, instead **prepare effectively** to receive him. Do not assume that the enemy will not attack, but instead make our defense **unassailable**.

将军可能会遇到的危险有以下五种:如果有勇无谋,可能会中计被杀。

A general may have the **following** five dangerous characteristics. If he is **foolhardy**, he may be killed by the enemy's **tricks**.

如果胆小,可能会被俘虏。如果急躁,可能会被敌人挑逗而轻举妄动。

If he is **timid**, he may be easily taken captive by the enemy. If he is **irritable**, he may be easily provoked into **rash action**.

如果过分看重**尊严**，可能会被敌人侮辱而做出**不理智的行为**；如果太爱护**民众**，可能会处于被动的**位置**。

If he places too much importance on **dignity**, he may be easily shamed into **acting irrationally**. If he is too protective of the **people**, he may easily become stuck in a vulnerable **position**.

这五种情况，都是将军容易出现的**过失**，容易引起**灾难**。

These five characteristics are all common **problems** of generals, which can lead to **disaster**.

全军覆没、将军牺牲，常常是这五种情况导致的，所以**不得不**认真地思考。

The destruction of the army and the death of its general are often caused by these characteristics and therefore they **must** be seriously considered.

KEY VOCABULARY

交通 jiāo tōng	n.	transportation		麻烦 má fán	adj.	troublesome
偏僻 piān pì	adj.	remote/isolated		复杂 fù zá	adj.	complicated/complex
绝境 jué jìng	n.	desperation		有害 yǒu hài	adj.	harmful
坚持 jiān chí	v.	to persist		侥幸 jiǎo xìng	adj.	by luck
遵从 zūn cóng	v.	to obey		心理 xīn lǐ	n.	psychology/mentality
命令 mìng lìng	n.	order		充分 chōng fèn	adv.	fully
明智 míng zhì	adj.	wise		坚实 jiān shí	adj.	firm/unassailable
理智 lǐ zhì	adj.	sensible		急躁 jí zào	adj.	irritable/impatient
权衡 quán héng	v.	to weigh		过失 guò shī	n.	error/problem
利弊 lì bì	n.	pos and cons		灾难 zāi nàn	n.	disaster
降低 jiàng dī	v.	to mitigate		尊严 zūn yán	n.	dignity/self-esteem
轻举妄动 qīng jǔ wàng dòng	idiom	to act rashly		风险 fēng xiǎn	n.	risk
全军覆没 quán jūn fù mò	idiom	destruction of the entire army		中计 zhòng jì	v.	to be tricked

IDIOM

成语

yǒu	yǒng	wú	móu
有	勇	无	谋
have	bravery	no	strategy

Foolhardy

PROVERB

谚语

ORIGINAL

jiàng zài jūn, jūn mìng yǒu suǒ bú shòu
将在军，君命有所不受。

MODERN

jiāng jūn zài zhàn chǎng de shí hou, yǒu xiē guó jūn de mìng lìng, kě yǐ bù zūn cóng
将军在战场的时候，有些国君的命令，可以不遵从。

A general in the field is not bound by the orders from his sovereign.

QUOTE

名言

ORIGINAL

tú yǒu suǒ bù yóu,
途有所不由，
jūn yǒu suǒ bù jī,
军有所不击，
chéng yǒu suǒ bù gōng
城有所不攻。

MODERN

yǒu xiē lù bú yào zǒu, yǒu xiē jūn duì bú yào gōng jī,
有些路不要走，有些军队不要攻击，
yǒu xiē chéng shì hé dì qū bú yào gōng zhàn
有些城市和地区不要攻占。

Some roads must not be taken, some armies must not be attacked, and some cities or areas must not be assaulted.

sūn zǐ shuō lǐng dǎo zài zhì dìng jì huà de shí hou yīng gāi
孙子说领导在制定计划的时候应该
quán héng gè fāng miàn de lì bì, nǐ tóng yì ma?
权衡各方面的利弊，你同意吗？

Sun Tzu said that leaders should weigh the pros and cons of all aspects when making plans. Do you agree?

Chinese Version

孙子说：不要在交通不便的地方扎营；要在交通方便的地方与邻国建立友好关系。不要在偏僻的地方停留。

如果被包围，要用计逃走；如果遇到绝境，一定要坚持作战。

有些路不要走，有些军队不要进攻；有些城市和地区不要攻占。有些国君的命令，可以不遵从。

真正明白这些战术变化的将军才是高明的指挥官。如果不明白，即使知道地形，也不能很好地利用。

即使知道"五利"，也不能有效地指挥他的军队。明智的将军在制定计划时会仔细权衡各方面的利弊。

在有利的情况下想到不利的一面，并相应地制定降低风险的计划。在不利的情况下想到有利的一面。

因此，要制造麻烦让敌人屈服，要制造复杂的事让敌人分心，要用利益引诱敌人做有害的行动。

不要有敌人不来的侥幸心理，要充分准备等待敌人。也不要有敌人不进攻的侥幸心理，要让我们的防御坚实。

将军可能会遇到的危险有以下五种：如果有勇无谋，可能会中计被杀。

如果胆小，可能会被俘虏。如果急躁，可能会被敌人挑逗而轻举妄动。

如果过分看重尊严，可能会被敌人侮辱而做出不理智的行为；如果太爱护民众，可能会处于被动的位置。

这五种情况，都是将军容易出现的过失，容易引起灾难。

全军覆没、将军牺牲，常常是这五种情况导致的，所以不得不认真地思考。

xíng jūn piān

行军篇

The Army on the March

CHAPTER NINE

孙子说：在**部署**我军和**判断**敌军情况的时候，一定要注意以下**原则**。

Sun Tzu said: When **deploying** our army and **judging** the enemy's situation, we must pay attention to the following **principles**.

经过山地时，要在靠近水的地方**前进**，要在向阳的地方**扎营**。

When **passing through** the mountains, we must **advance** near the water and **camp** facing the sun.

如果敌人占据了**高地**，不要从**低处**进攻，这是在山地的**部署原则**。

If the enemy has occupied the **high ground**, don't attack from a **low position**. This is the **principle of deployment** in mountainous areas.

如果要**越过**江河，应该**远离**江河扎营。如果敌人越过江河来**进攻**，不要在水中作战。

When **crossing** rivers, we must camp **away from** the water. If the enemy crosses a river to **attack**, don't engage him in the river.

等他们一半的军队过河后再进攻，这样更**有利**。

It is far more **advantageous** to attack when half of the enemy's army has crossed.

如果想与敌人作战，不要在**靠近**河流的地方部署，要**占据**高地。

If we want to engage the enemy in battle, don't position the army **near** a river, instead **occupy** the high ground.

在江河地区扎营，要在**上游**，不要在**下游**，这是在江河地区的**部署原则**。

When we camp in the vicinity of a river, camp **upstream**, not **downstream**. This is the **principle of deployment** in areas with rivers.

如果得越过**沼泽**，要迅速离开，不要**停留**。

If we must cross the **marshland**, do so quickly and do not **linger** in its vicinity.

如果和敌人在**沼泽**作战，要靠近水草，背靠树木，这是在沼泽地区的**部署原则**。

If we must fight with enemy in the **marshland**, stay near grassy areas and keep **trees** to our rear. These are the **principles of deployment** in marshy areas.

在平原上，要在**平坦开阔**的地方扎营。和敌人作战时，右翼部队的位置要**居高临下**。这是在平原地区的**部署原则**。

On the plain, camp in **flat and open** places. When engaging the enemy in battle, the troops on the right flank should be **positioned with high ground** to their rear. These are the **principles of deployment** on the plains.

上面四种军队部署原则的**好处**，就是**黄帝**能战胜其他四帝的**原因**。

The **benefits** of the above four principles of army deployment are the **reason** why the **Yellow Emperor** was able to defeat the other four emperors.

在多数情况下，军队应该在**干燥**的地方扎营，避开**潮湿**的地方。同时选择**向阳**的地方，避开**阴暗**的地方。

In most cases, the army should camp in **dry** places and avoid **humid** places. Additionally, choose **sunny** places and avoid **dim** places.

要在靠近**水草**的地方扎营，以满足军队的**供应**，士兵们**身体健康**是战争胜利**必需的**。

We must camp near **water plants** to ensure **supplies** for the army so that soldiers can stay in **good health**. This is **necessary** for victory in war.

在**丘陵地区**行走，必须靠近向阳的一面，并且要让右翼部队背靠高地。这些有利的**措施**，是为了更好地利用**地形**。

When marching in **hilly areas**, you must march on the sunny side of the hills with the high ground on the army's right. These advantageous **measures** are to make better use of the **terrain**.

如果**上游**下雨，军队遇到**洪水**，不要立刻过河，等水流**平缓**后再过河。

If it rains **upstream** and the army encounters a **flood**, we must not cross immediately and instead wait for the flood to **subside**.

如果遇到**危险地形**，比如"天井"、"天牢"、"天罗"、"天陷"，必须**迅速**离开。

If we encounter **dangerous terrain**, such as "deep natural hollows", "confined places", "tangled thickets", or "quagmires", we must leave **quickly**.

我们要**远离**这些地形，让敌人去靠近它。我们也可以**面向**这些地形，让敌人**背靠**它们。

We must **stay away from** these terrains and position ourselves to **draw** the enemy **towards** them. We can also **face** these terrains and therefore compel the enemy to have them at their **rear**.

前进的时候，如果遇到**陡峭**的山路、沼泽、或者植物**茂盛**的地方，一定要**小心**，因为这些都可能有敌人的**陷阱**。

When **advancing**, if we encounter **steep** mountain roads, swamps, or places with **lush** plants, we must be **careful**. These will often contain **traps** set by the enemy.

敌人很近却保持**安静**，是因为他占据着有利的**地形**。

When the enemy is close but remains **quiet**, he occupies favorable **terrain**.

敌人很远却不断**骚扰**我军，是因为他想**引诱**我们掉入他的陷阱。

When the enemy is far away but frequently **harasses** our army, he wants to **lure** us into his trap.

敌人在**平坦**的地方扎营，是因为这对他的**进退**有利。

The enemy camps in a **flat** place because this is beneficial to his **advance** and **retreat**.

如果看到树木**摇动**，可能是敌人**悄悄**前来。草丛中有**遮障**物，可能是敌人的**陷阱**。

If you see trees **shaking**, it might be the enemy approaching **quietly**. Many **obstructions** in the grass may indicate a **trap**.

鸟群乱飞，可能是下面有**埋伏**。野兽乱跑，可能是敌人**大规模**进攻。

Flocks of birds flying around may indicate an **ambush** underneath. **Wild animals** running around may indicate a **large-scale** attack from the enemy.

尘土又**高又尖**，可能是敌人乘着**战车**前来。尘土又**低又宽**，可能是敌人的**步兵**前来。

When the dust is **high and sharp**, it might be the enemy's **chariots** are coming. When the dust is **low and wide**, it might be the enemy's **infantry** is coming.

尘土**散开**，可能是敌人在**砍树**。尘土少而**时起时落**，可能是敌人在扎营。

When the dust is **scattered**, it might be the enemy **cutting trees**. When the dust is little but **rises and falls**, the enemy is encamping.

敌人的使者说话**谦虚**，而军队却在行动，这是敌人在准备**进攻**。

If the enemy's emissary speaks with **deference**, while his army mobilizes, he will soon **attack**.

敌人的使者说话**嚣张**，而军队却在前进，这是敌人在准备**撤退**。

If the enemy's emissary speaks with **arrogance**, while his army advances, he is preparing to **retreat**.

敌人的轻车先**出发**，部署在**两翼**，是在**排列**队伍作战。

If the enemy's light vehicles **set off** first, deploying on **each wing**, he is **lining up** to fight.

敌人没有遇到困难却来**求和**，一定有**阴谋**。

If the enemy **seeks peace** without having encountered difficulties, there must be a **conspiracy**.

敌人快速**奔跑**，又排列队伍，是想和我们**决战**。

If the enemy's troops **run** fast and line up, he is ready for a **decisive engagement.**

敌人**半进半退**，是在**引诱**我们掉入陷阱。

If the enemy is **half advancing and half retreating**, he is **luring** us into a trap.

敌兵倚着**兵器**站立，是**饥饿**的表现；敌兵打水却自己先喝，是干渴的表现。敌人见利不争，是**疲劳**的表现。

If the enemy soldiers lean against their **weapons**, they are **hungry**. If the enemy soldiers fetch water and drink first themselves, they are **thirsty**. If the enemy **sees benefits but does not fight for them**, he is **fatigued**.

敌人营地上聚集着鸟群，下面一定是空营。敌人晚上惊叫，是恐惧的表现。

If **flocks of birds** land on the enemy's camp, it must be empty. If you hear the enemy **scream** at night, it is a manifestation of **fear**.

敌人混乱，是领导没有威信。旗帜不断摇动，是队伍已经混乱。

If the enemy is **disordered**, their leader lacks **authority**. If their **flags** are frequently moved, their troops are in chaos.

敌人的军官生气着急，表明军队已经疲倦。

If the enemy officers are **angry and anxious**, their troops are **exhausted**.

敌军用粮食喂马，杀牲口吃肉，不收拾炊具，是在准备生死搏斗。

When the enemy's troops feed their horses with **grain**, kill **livestock** for food and do not put away their **cooking utensils**, they are preparing for a **life-or-death battle**.

如果敌人的将军对下属低声下气，是因为他失去了他们的支持。

If the enemy general is **deferential** to his subordinates, it's because he lost their **support**.

同样地，如果他不断惩罚下属，是因为身处困难，不断奖励下属，是因为身处绝境。

Likewise, if he keeps on **punishing** them, he is also **in great difficulty**. If he keeps on **rewarding** them, he is **in desperation**.

如果他用暴力对下属，却又害怕他们，他会不可避免地失去他们的服从。

If he uses **brutality** against his subordinates, but he also reveals that he **fears** them, he will **inevitably** lose their **obedience**.

敌人派使者送礼，是想停战。如果敌人不挑战也不撤退，我们一定要小心观察他的意图。

If the enemy's **emissaries** come with gifts, he wants to **cease fighting**. If the enemy confronts us without **challenging** or **retreating**, we must carefully investigate his **intentions**.

士兵不是越多越好，只要我方不轻易行动，集中兵力、小心判断敌情，获得下属的支持，就足够战胜敌人了。

It is not true that more troops are necessarily better. As long as we do not act irrationally, **concentrate** our forces, carefully **judge** the enemy's situation and gain the **support** of our subordinates, it is **sufficient** to defeat the enemy.

那种既没有长远打算，又轻敌的将军，一定会被俘虏。

Generals who have no **long-term plan** and **underestimate the enemy** will definitely be **captured**.

如果士兵犯错，在他们没有尊重、信任将军的时候，不会被惩罚左右，这样就很难用他们。

When soldiers **make mistakes**, before they **respect** and **trust** the general, they will not **be swayed by** punishment, which will make it difficult to employ them in battle.

在士兵已经尊重、信任将军的时候，如果不惩罚，也不能有效地用他们。

However, when the soldiers **respect** and **trust** the general, they also cannot be employed **effectively** in battle without proper **punishment**.

所以，要用**政治道义**教育士兵，要用**军纪法律**管理他们，这样才能**训练**士兵打胜仗。

Therefore, it is necessary to educate the troops with **political morality**, and to manage them with **military discipline and laws**, so that they can be **trained** to win battles.

能严格**执行命令**、管理士兵，士兵就能养成**服从**的习惯。

The soldiers will develop the habit of **obedience** if and only if generals can strictly **execute orders** and manage them.

如果将军的命令总能**执行**，这**表明**将军和士兵之间**关系融洽**。

The consistent **execution** of the general's command **indicates** that the troops and the general have a **harmonious relationship**.

KEY VOCABULARY

部署 bù shǔ	v. n.	to deploy deployment		支持 zhī chí	n. v.	support to support
判断 pàn duàn	v.	to judge/assess		骚扰 sāo rǎo	v.	to harass
前进 qián jìn	v.	to advance		谦虚 qiān xū	adj.	modest/deferential
撤退 chè tuì	v.	to retreat		嚣张 xiāo zhāng	adj.	arrogant
被…左右 bèi…zuǒ yòu	v.	be swayed by		上游 shàng yóu	n.	upstream
洪水 hóng shuǐ	n.	flood		下游 xià yóu	n.	downstream
干燥 gān zào	adj.	dry		奖励 jiǎng lì	v.	to reward
潮湿 cháo shī	adj.	wet/humid		惩罚 chéng fá	v.	to punish
生死搏斗 shēng sǐ bó dòu	idiom	life and death fight		措施 cuò shī	n.	measure
低声下气 dī shēng xià qì	idiom	to appear deferential		尊重 zūn zhòng	v.	to respect
身处困难 shēn chǔ kùn nán	vp.	be in great difficulty		信任 xìn rèn	v.	to trust
身处绝境 shēn chǔ jué jìng	vp.	be in desperation		执行 zhí xíng	v.	to execute

IDIOM 成语

jū gāo lín xià
居 高 临 下
stay high descend down

To occupy a high position and descend down

QUOTE 名言

ORIGINAL

cí bēi ér yì bèi zhě, jìn yě
辞卑而益备者，进也
cí qiáng ér jìn qū zhě, tuì yě
辞强而进驱者，退也

MODERN

dí rén de shǐ zhě shuō huà qiān xū, ér jūn duì què zài
敌人的使者说话谦虚，而军队却在
xíng dòng, zhè shì dí rén zài zhǔn bèi jìn gōng
行动，这是敌人在准备进攻。
dí rén de shǐ zhě shuō huà xiāo zhāng, ér jūn duì què zài
敌人的使者说话嚣张，而军队却在
qián jìn, zhè shì dí rén zài zhǔn bèi chè tuì
前进，这是敌人在准备撤退。

If the enemy's emissary speaks with deference, while his army mobilizes, he will soon attack. If the enemy's emissary speaks with arrogance, while his army advances, he is preparing to retreat.

sūn zǐ shuō lǐng dǎo hé xià shǔ guān xi róng qià shì zhí xíng
孙子说领导和下属关系融洽是执行
rèn wù de guān jiàn, nǐ zěn me kàn
任务的关键，你怎么看？

Sun Tzu said that a harmonious relationship between leaders and subordinates is the key for the execution of tasks. What do you think?

Chinese Version

孙子说：在部署我军和判断敌军情况的时候，一定要注意以下原则。

经过山地时，要在靠近水的地方前进，要在向阳的地方扎营。

如果敌人占据了高地，不要从低处进攻，这是在山地的部署原则。

如果要越过江河，应该远离江河扎营。如果敌人越过江河来进攻，不要在水中作战。

等他们一半的军队过河后再进攻,这样更有利。

如果想与敌人作战，不要在靠近河流的地方部署,要占据高地。

在江河地区扎营，要在上游，不要在下游，这是在江河地区的部署原则。

如果得越过沼泽，要迅速离开，不要停留。

如果和敌人在沼泽作战，要靠近水草，背靠树木，这是在沼泽地区的部署原则。

在平原上，要在平坦开阔的地方扎营。和敌人作战时，右翼部队的位置要居高临下。这是在平原地区的部署原则。

上面四种军队部署原则的好处，就是黄帝能战胜其他四帝的原因。

在多数情况下，军队应该在干燥的地方扎营，避开潮湿的地方。同时选择向阳的地方，避开阴暗的地方。

要在靠近水草的地方扎营，以满足军队的供应，士兵们身体健康是战争胜利必需的。

在丘陵地区行走，必须靠近向阳的一面，并且要让右翼部队背靠高地。这些有利的措施，是为了更好地利用地形。

如果上游下雨，军队遇到洪水，不要立刻过河，等水流平缓后再过河。

如果遇到危险地形，比如"天井"、"天牢"、"天罗"、"天陷"，必须迅速离开。

我们要远离这些地形，让敌人去靠近它。我们也可以面向这些地形，让敌人背靠它们。

前进的时候，如果遇到陡峭的山路、沼泽、或者植物茂盛的地方，一定要小心，因为这些都可能有敌人的陷阱。

敌人很近却保持安静，是因为他占据着有利的地形。

敌人很远却不断骚扰我军，是因为他想引诱我们掉入他的陷阱。

敌人在平坦的地方扎营，是因为这对他的进退有利。

如果看到树木摇动，可能是敌人悄悄前来。草丛中有遮障物，可能是敌人的陷阱。

鸟群乱飞，可能是下面有埋伏。野兽乱跑，可能是敌人大规模进攻。

尘土又高又尖，可能是敌人乘着战车前来。尘土又低又宽，可能是敌人的步兵前来。

尘土散开，可能是敌人在砍树。尘土少而时起时落，可能是敌人在扎营。

敌人的使者说话谦虚，而军队却在行动，这是敌人在准备进攻。

敌人的使者说话嚣张，而军队却在前进，这是敌人在准备撤退。

敌人的轻车先出发，部署在两翼，是在排列队伍作战。

敌人没有遇到困难却来求和，一定有阴谋。

敌人快速奔跑，又排列队伍，是想和我们决战。

敌人半进半退，是在引诱我们掉入陷阱。

敌兵倚着兵器站立，是饥饿的表现；敌兵打水却自己先喝，是干渴的表现。敌人见利不争，是疲劳的表现。

敌人营地上聚集着鸟群，下面一定是空营。敌人晚上惊叫，是恐惧的表现。

敌人混乱，是领导没有威信。旗帜不断摇动，是队伍已经混乱。

敌人的军官生气着急，表明军队已经疲倦。

敌军用粮食喂马，杀牲口吃肉，不收拾炊具，是在准备生死搏斗。

如果敌人的将军对下属低声下气，是因为他失去了他们的支持。

同样地，如果他不断惩罚下属，是因为身处困难，不断奖励下属，是因为身处绝境。

如果他用暴力对下属，却又害怕他们，他会不可避免地失去他们的服从。

敌人派使者送礼，是想停战。如果敌人不挑战也不撤退，我们一定要小心观察他的意图。

士兵不是越多越好，只要我方不轻易行动，集中兵力、小心判断敌情，获得下属的支持，就足够战胜敌人了。

那种既没有长远打算，又轻敌的将军，一定会被俘虏。

如果士兵犯错，在他们没有尊重、信任将军的时候，不会被惩罚左右，这样就很难用他们。

在士兵已经尊重、信任将军的时候，如果不惩罚，也不能有效地用他们。

所以，要用政治道义教育士兵，要用军纪法律管理他们，这样才能训练士兵打胜仗。

能严格执行命令、管理士兵，士兵就能养成服从的习惯。

如果将军的命令总能执行，这表明将军和士兵之间关系融洽。

地形篇
dì xíng piān

Terrain

CHAPTER TEN

孙子说，**地形**有六种："通形"、"挂形"、"支形"、"隘形"、"险形"、"远形"。

Sun Tzu said there are six types of **terrain**: "accessible ground", "entangling ground", "temporizing ground", "narrow passes", "precipitous heights", and "positions at a great distance from the enemy."

我们可以去，敌人也可以来的**地形**，就是"通形"。

The **terrain** where both our side and the enemy can easily maneuver is "accessible."

在"通形"地区，我们应该提前占据开阔向阳的高地，保持运输物资的道路**畅通**。

In such areas, we should occupy **open and sunlit** highlands in advance and keep the roads **open** to allow transportation of supplies.

我们可以**前进**，却不可以**后退**的地形，就是"挂形"。

The terrain where we can **advance** but cannot **retreat** is "entangling."

在这种地区，如果敌人没有**防备**，我们的进攻就能**成功**。如果敌人有防备，我们要是进攻**失败**，就会很**危险**。

In such areas, if the enemy is not **on guard**, our attack can be **successful**. If the enemy is on guard however, and our attack **fails**, it will be extremely **dangerous**.

对我们和敌人的进攻都**不利**的地形就是"支形"。

The terrain where it is **unfavorable** for both ourselves and the enemy to attack is "temporizing."

在这种地区，即使敌人**诱惑**我们进攻，我们也不要**行动**，而要**假装**撤退，然后再诱惑敌人进攻。

In such areas, even if the enemy **tempts** us to attack, we should not **move**. Instead, we should **pretend** to retreat and therefore lure the enemy to attack.

等到敌人真正进攻的时候，我们再行动，这样才**有利**。

When the enemy has committed to his attack, we can strike on more **favorable** ground.

在"隘形"地区，我们应该**提前**去占领，并用士兵**封锁**入口，然后**等待**敌人。

In areas with a "narrow pass", we should occupy the pass **in advance**, **block** the entrance with our troops, and **await** the enemy.

要是敌人已经提前**占领**了入口，而且有军队**看守**，我们就不要去进攻。如果没有军队看守，我们就**马上**进攻。

However, should the enemy already **occupy** the entrance with troops **on guard**, we should not attack. If not however, we should **immediately** capture it.

在"险形"地区，如果我们**提前**占领，就必须在**开阔向阳**的高地扎营，然后**等待**敌人的进攻。如果被敌人提前占领了，我们就**撤退**。

In areas with a "precipitous height," if we can occupy it **in advance**, we must camp on the **open and sunlit** highland and **wait** for the enemy to attack. If it is occupied by the enemy in advance instead, we should **retreat**.

在"远形"地区，我们和敌人的**地理条件**都不利，最好不要**挑战**敌人。

If we have a "position at great distance from the enemy," with **geographic conditions** that do not favor either side, we should not **challenge** the enemy.

上面六点，是利用地形的**原则**。这是指挥官的**重大责任**，是**不得不**认真研究的。

The above six are the **principles** of using terrain. This is a **major responsibility** of the commander that **must** be studied carefully.

军事上有"走"、"驰"、"陷"、"崩"、"乱"、"北"六种**失败**的情况。

In the **military**, there are six types of **defeats**: "flight", "insubordination", "collapse", "ruin", "disorganization" and "rout."

这六种情况**不是**因为灾难，**而是**因为指挥官的过错。

These six defeats are **not** due to natural disasters, **but** due to the mistakes of the commander.

如果两方**实力相同**，一方**以一击十**，**导致**失败，就叫"走"。

If both sides **share the same strength**, and one side **strikes the other with ten times its force**, **causing** the failure of the other side, it is called "flight."

士兵**顽强**，将军却表现**脆弱**，这样导致失败的，叫"驰"。

If the soldiers are **tenacious**, but the generals appear **weak**, the resulting failure is called "insubordination."

将军顽强，士兵却表现脆弱，这样导致的失败，叫"陷"。

If the general is **tenacious**, but the soldiers appear **weak**, the resulting failure is called "collapse."

副将不服从主将的指挥，擅自进攻敌人而导致失败的，叫"崩"。

If the **deputy general** disobeys the orders of the **commanding general** and **launches an unauthorized attack**, which fails, it is called "ruin".

将军没有信誉，与士兵关系紧张、队伍排列混乱而导致失败的，叫"乱"。

The general who causes defeat due to a lack of **prestige**, **tension** with the soliders, or **chaos** in battlefield deployment is called "disorganised"

将军不能正确判断情况，以寡敌众，以弱击强，作战又没有精锐部队，这样导致失败的，叫"北"。

If the general fails to **judge** the situation correctly, **attacks many with few**, or **attacks the strong with the weak**, or lacks **elite** units in battle, the resultant failure is called a "rout."

以上六种情况，都是军事失败的原因。这是指挥官的重大责任，是不得不认真研究的。

The above six situations are all reasons for **military failure**. This is a **major responsibility** of the commander and **must** be studied carefully.

有效利用地形是成功作战的重要因素。正确判断情况、考察地形、计算道路的距离，是高明指挥官必须掌握的方法。

The **effective** use of terrain is a **crucial element** in successful military operations. Accurately **assessing** the situation, **exploring** the terrain, and **calculating** the distance of the roads are methods that a wise commander must **master**.

掌握这些方法，作战一定会胜利；不掌握这些方法，作战一定会失败。

If we can **master** these methods, we will surely **win** the battle; if we cannot, we will surely **lose** the battle.

所以，**根据**这些方法，如果**分析**的结果是胜利，**即使**国君命令不作战，**也**可以作战。

Therefore, **based on** these methods, if the result of the **analysis** is victory, **even if** the monarch orders us not to fight, we **should** fight.

如果**分析**的结果是**失败**，即使**国君**命令作战，也不能作战。

If the result of the **analysis** is **failure**, even if the **monarch** orders us to fight, we should not fight.

所以，作战不为**名声**，撤退不**回**避责任，在行动上既**保全**军队又服务国君。这样的指挥官才是国家的**宝贵财富**。

Hence, a great commander does not fight for **reputation**, nor to **avoid** responsibility for retreat. His actions are in the interests of **protecting** the army, as well as serving the monarch. Such commanders are the **precious wealth** of the state.

要爱兵如子，这样士兵就会与我们一起**面对**困难，也会愿意与我们**同生共死**。

Love the soldiers like our own sons, then they will **confront** difficulties with us, and will be willing to **fight by our side and die for us**.

但是如果溺爱士兵，士兵**违法**也不惩罚，那么士兵就会像**不听话**的孩子，是不可以用来和敌人作战的。

But if we **spoil** the soldiers, or if they **break the law**, yet we don't punish them, they will be like **disobedient** children who cannot be used to fight the enemy.

只了解自己，但不了解敌人，不可以进攻，因为胜利的可能性只有一半。

If we only **understand** our own army, but don't understand the enemy, we cannot attack, as the **chance** of victory is only half.

只了解敌人，但不了解自己，也不可以进攻，因为胜利的可能性也只有一半。

If we only **understand** the enemy but don't understand our own army, we cannot attack, as the **chance** of victory is also only half.

既了解敌人，又了解自己，可以进攻。但是如果不了解地形，就不利于作战，这样胜利的可能性仍然只有一半。

If we understand the enemy and ourselves, we can attack. But if we don't understand the **terrain**, which is necessary for successful combat, the **chance** of victory is still only half.

对于高明的指挥官，他的行动不迷惑，他的战术也不断变化。

For a great **commander**, he will not **confuse** his actions, and his **tactics** are constantly changing.

所以：知己知彼，百战百胜。

Therefore, it is said: If you understand yourself and the enemy, you need not fear the result of **one hundred battles**.

既懂时机，又懂地形，一定能胜利。

If we understand the **timing** and the **terrain**, we will surely win.

Key vocabulary

信誉 (xìn yù)	n.	prestige		精锐 (jīng ruì)	adj.	elite	
危险 (wēi xiǎn)	adj.	dangerous		导致 (dǎo zhì)	v.	result in/lead to	
封锁 (fēng suǒ)	v.	to block		有效 (yǒu xiào)	adj.	effective	
等待 (děng dài)	v.	to await		无效 (wú xiào)	adj.	ineffective	
军事 (jūn shì)	n.	military		挑战 (tiāo zhàn)	v.	to challenge	
顽强 (wán qiáng)	adj.	tenacious		考察 (kǎo chá)	v.	to explore/inspect	
脆弱 (cuì ruò)	adj.	weak		计算 (jì suàn)	v.	to calculate	
地理条件 (dì lǐ tiáo jiàn)	n.	geographic condition		掌握 (zhǎng wò)	v.	to master	
重要因素 (zhòng yào yīn sù)	n.	crucial element		国君 (guó jūn)	n.	monarch	
重大责任 (zhòng dà zé rèn)	n.	major responsibility		回避 (huí bì)	v.	to avoid	
开阔向阳 (kāi kuò xiàng yáng)	adj.	open and sunlit		责任 (zé rèn)	n.	responsibility	
同生共死 (tóng shēng gòng sǐ)	idiom	to live and die together		管理 (guǎn lǐ)	v./n.	to manage / management	

IDIOM

_{ài} 爱 love　_{bīng} 兵 soldiers　_{rú} 如 like　_{zǐ} 子 son

To love the soldiers like our own sons

PROVERB

ORIGINAL

_{zhī tiān zhī dì　shèng nǎi kě quán}
知天知地，胜乃可全。

MODERN

_{jì dǒng shí jī，yòu dǒng dì xíng，yí dìng néng shèng lì}
既懂时机，又懂地形，一定能胜利。

If you understand both the timing and the terrain, you will surely win.

_{sūn zǐ shuō lǐng dǎo bù yīng gāi zhí zhuó yú míng shēng，yě bù yīng gāi táo bì zé rèn，nǐ tóng yì ma}
孙子说领导不应该执着于名声，也不应该逃避责任，你同意吗？

Sun Tzu said that leaders should not be obsessed with reputation, nor should they avoid their responsibilities, do you agree?

CHINESE VERSION

孙子说，地形有六种："通形"、"挂形"、"支形"、"隘形"、"险形"、"远形"。

我们可以去，敌人也可以来的地形，就是"通形"。

在"通形"地区，我们应该提前占据开阔向阳的高地，保持运输物资的道路畅通。

我们可以前进，却不可以后退的地形，就是"挂形"。

在这种地区，如果敌人没有防备，我们的进攻就能成功。如果敌人有防备，我们要是进攻失败，就会很危险。

对我们和敌人的进攻都不利的地形就是"支形"。

在这种地区，即使敌人诱惑我们进攻，我们也不要行动，而要假装撤退，然后再诱惑敌人进攻。

等到敌人真正进攻的时候，我们再行动，这样才有利。

在"隘形"地区，我们应该提前去占领，并用士兵封锁入口，然后等待敌人。

要是敌人已经提前占领了入口，而且有军队看守，我们就不要去进攻。如果没有军队看守，我们就马上进攻。

在"险形"地区，如果我们提前占领，就必须在开阔向阳的高地扎营，然后等待敌人的进攻。如果被敌人提前占领了，我们就撤退。

在"远形"地区，我们和敌人的地理条件都不利，最好不要挑战敌人。

上面六点，是利用地形的原则。这是指挥官的重大责任，是不得不认真研究的。

军事上有"走"、"驰"、"陷"、"崩"、"乱"、"北"六种失败的情况。

这六种情况不是因为灾难，而是因为指挥官的过错。

如果两方实力相同，一方以一击十，导致失败，就叫"走"。

士兵顽强，将军却表现脆弱，这样导致失败的，叫"驰"。

将军顽强，士兵却表现脆弱，这样导致的失败，叫"陷"。

副将不服从主将的指挥，擅自进攻敌人而导致失败的，叫"崩"。

将军没有信誉，与士兵关系紧张、队伍排列混乱而导致失败的，叫"乱"。

将军不能正确判断情况，以寡敌众，以弱击强，作战又没有精锐部队，这样导致失败的，叫"北"。

以上六种情况，都是军事失败的原因。这是指挥官的重大责任，是不得不认真研究的。

有效利用地形是成功作战的重要因素。正确判断情况、考察地形、计算道路的距离，是高明指挥官必须掌握的方法。

掌握这些方法，作战一定会胜利；不掌握这些方法，作战一定会失败。

所以，根据这些方法，如果分析的结果是胜利，即使国君命令不作战，也可以作战。

如果分析的结果是失败，即使国君命令作战，也不能作战。

所以，作战不为名声，撤退不回避责任，在行动上既保全军队又服务国君。这样的指挥官才是国家的宝贵财富。

要爱兵如子，这样士兵就会与我们一起面对困难，也会愿意与我们同生共死。

但是如果溺爱士兵，士兵违法也不惩罚，那么士兵就会像不听话的孩子，是不可以用来和敌人作战的。

只了解自己，但不了解敌人，不可以进攻，因为胜利的可能性只有一半。

只了解敌人，但不了解自己，也不可以进攻，因为胜利的可能性也只有一半。

既了解敌人，又了解自己，可以进攻。但是如果不了解地形，就不利于作战，这样胜利的可能性仍然只有一半。

对于高明的指挥官，他的行动不迷惑，他的战术也不断变化。

所以：知己知彼，百战百胜。

既懂时机，又懂地形，一定能胜利。

Nine Situations

CHAPTER ELEVEN

孙子说：根据**用兵原则**，军事地理有这九类：**散**地、**轻**地、**争**地、**交**地、**衢**地、**重**地、**圮**地、**围**地、**死**地。

Sun Tzu said: according to the **principles of maneuver**, there are nine types of ground: dispersive ground, shallow ground, contentious ground, open ground, focal ground, hostile ground, difficult ground, encircled ground and desperate ground.

我方的**领土**是散地，敌方的**边境地区**是轻地。

Our side's **territory** is dispersive ground. The **border regions** of the enemy side are shallow ground.

我方和敌方，谁先**占领**就有利的地区，是争地。

Areas which provide an advantage to either side when **occupied** first are contentious ground.

我方和敌方都可以前往的地区，是交地。

Areas that are easy to access for both sides are open ground.

和**其他国家**近，先到就能获得他们**援助**的地区，是衢地。

Areas close to **other states**, allowing one to easily obtain their **assistance**, are focal ground.

深入敌方领土，**越过**敌方多座城市的地区，是重地。

When we have penetrated **deep into** the enemy's territory, **bypassing** multiple enemy cities, we are on hostile ground.

山林和沼泽等很难**通行**的地区，是圮地。

Areas that are hard to **travel through**, such as mountains or marshes, are difficult ground.

入口道路**狭窄**，撤退**距**离远的地区，是围地。
Constricted areas where our army will be hemmed into a **narrow** space, with considerable **distance** to escape, are encircled ground.

拼死作战就能生存，不拼死作战就会**全军覆灭**的地区，是死地。
Areas where we must **fight for survival** in order to avoid the **entire army being wiped-out**, are desperate ground.

因此，在散地不要**作战**，在轻地不要**停留**。
Therefore, don't **fight** on dispersive ground, don't **linger** on shallow ground.

在争地不要**勉强进攻**，在交地不要让自己的军队**孤立**。
Don't **force attacks** on contentious ground, and don't allow our troops to be **isolated** on open ground.

在衢地要和其他国家**联盟**，在重地要**抢夺**粮食和其他**供给**。
On focal ground, **form alliances with** neighboring states. On hostile ground, **seize** food and other **provisions**.

在圮地要**快速通过**，在围地要想办法**脱险**，在死地要**拼死作战**。
On difficult ground, **pass quickly**. On encircled ground, immediately find a way to **escape danger**. On desperate ground, **fight to the death**.

从前**善于**指挥军队的人，能让敌人前后部队不能**互相联系**，大小部队无法**相互协调**，
People of the past who **excelled at** commanding the army were able to prevent the enemy army's front and rear units from **communicating with each other**, large and small units from **coordinating with each other**,

将军和士兵不能**互相救援**，上级和下级不能**互相帮助**，士兵分散不能集中、布阵也不**整齐**。

generals and soldiers from **rescuing one another** and superiors and subordinates from **helping one another**. They separated the units of the enemy army, preventing them from concentrating in a **cohesive** formation.

如果你问：敌兵太多，又**队伍严整**地向我发起进攻，我该怎样**对付**它呢？

If you ask: when the enemy is attacking with superior numbers and **good formation**, how can we **counter** him?

我的回答是：先夺取敌人的**要害**，他就会**听**我们的**摆布**了。

My answer is: take something of **great importance** to him and (due to the risk of its loss) he will **be at** our **mercy**.

兵贵神速，胜利的军队会在敌人**措手不及**和没有戒备的地方进攻。

The winning army excels at advancing rapidly, they attack where the enemy **do not expect**, in places lacking defenses.

在敌人领土作战的**原则**是：越深入敌方领土，我方的军队就越**团结**，敌人就越不容易**打败**我们。

The **principle** of maneuvering in the enemy's territory is: the deeper we are in the enemy's territory, the greater will be the **solidarity** of our troops and the harder it will be for the enemy to **defeat** us.

要在敌人肥沃的地区抢夺粮食**供应部队**。不要让他们太**疲劳**，要保持士气，**积累实力**。

Seize food from the enemy's fertile areas to **supply the troops**. Do not let the troops get too **tired**, instead maintain their morale and **build** their **strength**.

要制定计划并明智地部署部队，并向敌人隐瞒意图。如果军队无路可走，他们会没有畏惧，奋战到底！

Create plans and deploy troops wisely and **conceal** our **intentions from the enemy**. If we cast the troops into **a position with no possibility of retreat**, then they will be without fear and will **fight ferociously to the end**.

这样的军队不用教导也能准备好，不用要求也能完成任务，不用约束也能团结，不用命令也会遵守纪律。

Such army will be **prepared** without instruction, will **complete tasks** without commandment, will be **cohesive** without restraints, and will **obey discipline** without orders.

要禁止迷信，消除谣言，以防止军队的怀疑。

Prohibit **superstition** and eliminate **rumors** to prevent the troops from having **doubts**.

军队没有多余的钱，不是因为不爱钱；士兵不怕死，也不是因为不想长寿。

When the army has no **extra money**, it's not because the troops abhor money. When the soldiers are not afraid of death, it's also not because they do not want to **live long**.

当收到作战命令的时候，士兵们也许会流泪，但他们知道无路可走，自然会勇往直前。

The troops may **cry** when they receive a combat order, however **with no alternative** but to fight, they will naturally **move forward with bravery**.

善于指挥的人，就像"率然"蛇一样。这种蛇，如果你打它的头，尾巴会来救；如果你打它的尾巴，头会来救；如果你打它的腰，头和尾巴都会来救。

People who **excel at** command are like "shuai-ran" snakes. This kind of snake, if you hit its head, its tail will respond; if you hit its **tail**, its head will respond; if you hit its **waist**, both its head and tail will respond.

如果你问：我们可以让军队像"率然"蛇一样首尾相应吗？我的回答是：当然！

If you ask: can we make the army **respond from top to end** like a "shuai-ran" snake? My answer is: of course!

吴国人和越国人虽然有仇，但是当他们的船遇到大风的时候，他们会互相救援，就像一个人的左右手。

Although the people of the state of Wu and people of the state of Yue hated one another, when in the same boat they **encountered** a strong wind, they would **rescue each other**, just like a person's **left and right hands**.

所以，不能用绳子拴马、埋车轮的办法稳定军队。我们要让军队团结得像是一个整体。

Therefore, we cannot to **stabilize** the army by methods of tethering horses or burying wheels. The army must instead **unite** and fight as **one**.

只要有效地利用地形，不管士兵是强还是弱，都能发挥作用。

As long as we use the terrain effectively, **regardless of** soldiers being strong or weak, they can all play their roles.

所以，**厉害**的指挥官，能让**全军**团结如一个人，这是**客观形势**下必须的。

Therefore, the **great** commander is able to unite the **whole army** as one person. This is necessary in **certain situations**.

做领导，要**冷静**，也要**深不可测**，在管理上要**公正严明**。

To be a leader, you must remain **calm** and **unfathomable**, and you must be **just and strict** in management.

制定计划，不能让士兵知道，改变**部署**，不能让敌人发现。不断改变位置，通过**间接路线**来**掩饰**意图。

When **formulating a plan**, conceal it from the soldiers. When changing your **deployment**, hide it from the enemy. You must constantly change your position and move by **indirect routes** to **disguise** your intentions.

在**关键时刻**，要像爬高楼去**梯子**一样，向大家表明**有进无退**！

At the **critical moment**, act as if you have climbed to the top a of tall building and kicked away the **ladder**: demonstrate that we must **advance and not retreat**!

带领士兵深入敌人**领土**，要像弩机发出的箭一样**勇往直前**。

When **leading** the army deep into the enemy's **territory**, **bravely march forward** like an arrow from a crossbow.

对待士兵要像赶**羊群**一样，赶来赶去，让他们不知道要到哪里去。**集合**全军，在危险中让他们拼死作战，是将军的**责任**。

Treat soldiers like a **flock of sheep, driving them back and forth**, so that they don't know where they are going. **Gathering** the whole army and when it is in danger, making it **fight to the death**, is the **responsibility** of the general.

这九种地形的应变，进攻和防御，掌握全军上下的心理状态，都是指挥官不得不认真研究和思考的。

Dealing with these nine types of ground, **attacking** and **defending** accordingly, plus controlling the **psychological state** of the army are all things that commanders **must** study and consider carefully.

进入敌国作战的原则是：在浅处，军心离散，在深处，军心稳定。

The principle of maneuvering in the **enemy country** is: on shallow ground, morale will be **shaky**; on deeper ground, morale will be **stable**.

越过其他国家进入敌国作战的地区是绝地；四通八达的地区是衢地。

The area where we must **cross** other countries to enter the enemy country is contentious ground. The area with **good transportation** is open ground.

敌国较深的地区是重地；敌国较浅的地区是轻地；

The area located in the deeper part of the **enemy country** is hostile ground, whereas the area located just within the border of the enemy country is shallow ground.

前后危险狭窄的地区是围地；无路可走的地区是死地。

The area where the terrain both before us and behind us is **dangerous and hemmed-in** is constrained ground. The area where there is **no way out** (other than fighting) is desperate ground.

因此，在散地，要**统一**军心；在轻地，要使阵营**紧密相连**。

Therefore, on dispersive ground, we must **unify** the morale. On shallow ground, we must **closely connect** the battalions.

在争地，要**快速**出兵，把敌人甩到后面；在交地，要**加强防守**。

On contentious ground, we must dispatch the troops **quickly** to throw the enemy back. On open ground, we must **strengthen the defenses**.

在衢地，要**和**其他国家**联盟**；在重地，要保证军队的**粮食供应**；在圮地，要快速通过。

On focal ground, we must **form alliances with** other countries. On hostile ground, we must ensure **food supply** for the army. On difficult ground, we must **pass quickly**.

在围地，要**堵塞**缺口；在死地，要有拼死作战的**决心**。

On constricted ground, we must **block** the gap. On desperate ground, we must have the **determination** to fight to death.

所以，士兵的**心理状态**是：陷入包围就会**奋力抵抗**，别无选择就会**拼死作战**，身处**绝境**就会听从指挥。

Therefore, the **psychological state** of the soldiers is: when they are surrounded, they will **defend vigorously**; when they have no other option, they will **fight to death**; when they are **in desperation**, they will obey the command.

这些情况，如果有一个不**了解**，都不算是"霸王军队"。

If one of these situations is not **understood**, one will not be regarded as an "Overlord Army."

"霸王军队"进攻敌国，能让敌国的军队来不及集中。对敌国施压，能让它无法维持联盟。

When the "Overlord Army" **attacks** a state, they can make the enemy's army unable to **concentrate** in time. By **putting pressure** on an enemy state, they can make the enemy unable to **maintain** their **alliances**.

因此，没有必要和每个国家建交，也不用在每个国家培养自己的势力。

Therefore, there is no need to **establish diplomatic relations with** every state, nor to **cultivate** our own **power** in every state.

只要我们依靠自己的力量，对敌国施压，就可以去攻击、占领敌国的领土。

As long as we rely on our own strength and **put pressure on** the enemy, we can attack and occupy the enemy's **territory**.

执行超常奖赏，颁布可以破例的号令，指挥全军就像指挥一个人。

Bestow **extraordinary rewards** and **issue** orders that are an exception to prior norms, then commanding the **entire army** will be like commanding one person.

下达作战命令时，不说明意图，只告诉他们有利的一面，不指出危害。

When giving **combat orders**, don't explain your **intentions**, only inform them of the beneficial aspects, and don't **point out** risks.

把士兵逼到危险的地方，才能转危为安；让士兵身陷死地，才能起死回生。这样，我们才能在绝境中获得胜利。

Only when soldiers are forced into dangerous situations, can they **be preserved** (from danger to safety); and only when they are forced onto desperate ground will they be truly **animated** (come back alive from death). In this way, we can snatch victory from **desperation**.

所以，领导的**关键**在于谨慎观察敌人的**战略意图**，集中兵力攻击敌人的一处，**即使**要行走千里去打仗，也能成功。

Therefore, the **key** to leadership is in carefully observing the enemy's **strategic intentions** and concentrating our forces to strike a specific part of the enemy. **Even if** we must travel thousands of miles to strike, we can succeed.

在**调动**军队的时候，要**封锁关口**，**废除**通行证，停止和敌国的**使者**往来。

Therefore, when **mobilising** the army, it is necessary to **block the passes**, **abolish** the authorisation tokens, and stop dealings with the enemy's **envoys**.

将军们要在会议上**出谋划策**，制定作战策略。敌人一旦**露出破绽**，就要**乘虚而入**。

Generals need to **mastermind schemes** and formulate combat strategies. Once the enemy **reveals a loophole**, we must **seize the opportunity to enter**.

要先夺取敌人的**战略要地**，不要和敌人预约作战时间，要随机应变。

We must move first to seize the enemy's **strategic locations**, and not agree the time or place of engagement with the enemy. Instead, **be flexible and decide our actions according to the situation**.

因此，开战前要像少女一样**安静柔弱**，让敌人**掉以轻心**。开战后，要像逃跑的**野兔**一样快速，让敌人措手不及，无法抵抗。

Therefore, before the war begins, you must appear as **quiet and weak** as a maiden, so that the enemy will **let down his guard**. After the war starts, you must be as fast as a running **hare**, so that the enemy is **caught off guard** and unable to **resist**.

Key vocabulary

领土 lǐng tǔ	n.	territory	
决心 jué xīn	n.	determination	
边境 biān jìng	n.	border	
施压 shī yā	v.	to put pressure on	
通行证 tōng xíng zhèng	n.	travel document	
关键时刻 guān jiàn shí kè	n.	the critical moment	
上级 shàng jí	n.	superior	
有进无退 yǒu jìn wú tuì	idiom	to advance and not retreat	
下级 xià jí	n.	subordinate	
拼死作战 pīn sǐ zuò zhàn	vp.	to fight to the death	
团结 tuán jié	adj.	united/cohesive	
四通八达 sì tōng bā dá	idiom	great transportation in all directions	
积累 jī lěi	v.	to build up	
转危为安 zhuǎn wēi wéi ān	idiom	to avert a danger	
首尾相应 shǒu wěi xiāng yìng	idiom	to respond from top to bottom	
随机应变 suí jī yìng biàn	idiom	be flexible and act according to the situation	
无路可走 wú lù kě zǒu	idiom	no way to go/no options left	
乘虚而入 chéng xū ér rù	idiom	to seize the opportunity to enter	
勇往直前 yǒng wǎng zhí qián	idiom	move forward with bravery	
出谋划策 chū móu huà cè	idiom	to mastermind a scheme	
公正严明 gōng zhèng yán míng	idiom	just, strict and impartial	
起死回生 qǐ sǐ huí shēng	idiom	to come back alive from death	
深不可测 shēn bù kě cè	idiom	unfathomable/profound	
掉以轻心 diào yǐ qīng xīn	idiom	to let down ones' guard	
全军覆灭 quán jūn fù mò	idiom	entire army being wiped-out	
措手不及 cuò shǒu bù jí	idiom	to be caught off guard	

IDIOM

bīng	guì	shén	sù
兵	贵	神	速
army	excel at	god	speed

The winning army excels at advancing rapidly

QUOTE 名言

ORIGINAL

zhì zhī sǐ dì ér hòu shēng
置之死地而后生。

MODERN

bǎ shì bīng bī dào wēi xiǎn de dì fang, cái néng zhuǎn wēi wéi ān; ràng shì bīng shēn xiàn sǐ dì, cái néng qǐ sǐ huí shēng
把士兵逼到危险的地方，才能转危为安；让士兵身陷死地，才能起死回生。

Only when soldiers are forced into dangerous situations, can they be preserved; and only when they are forced onto desperate ground, will they be truly animated.

sūn zǐ shuō, yǒu shí hou rén zhǐ yǒu bèi bī dào jué jìng cái néng chōng fèn fā huī qián néng, chuàng zào qí jì, nǐ zěn me kàn?
孙子说，有时候人只有被逼到绝境才能充分发挥潜能，创造奇迹，你怎么看？

Sun Tzu said that sometimes, only when people are pushed to their limits can they fully realize their potential and create miracles. What do you think?

Chinese Version

孙子说：根据用兵原则，军事地理有这九类：散地、轻地、争地、交地、衢地、重地、圮地、围地、死地。

我方的领土是散地，敌方的边境地区是轻地。

我方和敌方，谁先占领就有利的地区，是争地。

我方和敌方都可以前往的地区，是交地。

和其他国家近，先到就能获得他们援助的地区，是衢地。

深入敌方领土，越过敌方多座城市的地区，是重地。

山林和沼泽等很难通行的地区，是圮地。

入口道路狭窄，撤退距离远的地区，是围地。

拼死作战就能生存，不拼死作战就会全军覆灭的地区，是死地。

因此，在散地不要作战，在轻地不要停留。

在争地不要勉强进攻，在交地不要让自己的军队孤立。

在衢地要和其他国家联盟，在重地要抢夺粮食和其他供给。

在圮地要快速通过，在围地要想办法脱险，在死地要拼死作战。

从前善于指挥军队的人，能让敌人前后部队不能互相联系，大小部队无法相互协调，

将军和士兵不能互相救援，上级和下级不能互相帮助，士兵分散不能集中、布阵也不整齐。

如果你问：敌兵太多，又队伍严整地向我发起进攻，我该怎样对付它呢？

我的回答是：先夺取敌人的要害，他就会听我们的摆布了

兵贵神速，胜利的军队会在敌人措手不及和没有戒备的地方进攻。

在敌人领土作战的原则是：越深入敌方领土，我方的军队就越团结，敌人就越不容易打败我们。

要在敌人肥沃的地区抢夺粮食供应部队。不要让他们太疲劳，要保持士气，积累实力。

要制定计划并明智地部署部队，并向敌人隐瞒意图。如果军队无路可走，他们会没有畏惧，奋战到底！

这样的军队不用教导也能准备好，不用要求也能完成任务，不用约束也能团结，不用命令也会遵守纪律。

要禁止迷信，消除谣言，以防止军队的怀疑。

军队没有多余的钱，不是因为不爱钱；士兵不怕死，也不是因为不想长寿。

当收到作战命令的时候，士兵们也许会流泪，但他们知道无路可走，自然会勇往直前。

善于指挥的人，就像"率然"蛇一样。这种蛇，如果你打它的头，尾巴会来救；如果你打它的尾巴，头会来救；如果你打它的腰，头和尾巴都会来救。

如果你问：我们可以让军队像"率然"蛇一样首尾相应吗？我的回答是：当然！

吴国人和越国人虽然有仇，但是当他们的船遇到大风的时候，他们会互相救援，就像一个人的左右手。

所以，不能用绳子拴马、埋车轮的办法稳定军队。我们要让军队团结得像是一个整体。

只要有效地利用地形，不管士兵是强还是弱，都能发挥作用。

所以，厉害的指挥官，能让全军团结如一个人，这是客观形势下必须的。

做领导，要冷静，也要深不可测，在管理上要公正严明。

制定计划，不能让士兵知道，改变部署，不能让敌人发现。不断改变位置，通过间接路线来掩饰意图。

在关键时刻，要像爬高楼去梯子一样，向大家表明有进无退。

带领士兵深入敌人领土，要像弩机发出的箭一样勇往直前。

对待士兵要像赶羊群一样，赶来赶去，让他们不知道要到哪里去。集合全军，在危险中让他们拼死作战，是将军的责任。

这九种地形的应变，进攻和防御，掌握全军上下的心理状态，都是指挥官不得不认真研究和思考的。

进入敌国作战的原则是：在浅处，军心离散，在深处，军心稳定。

越过其他国家进入敌国作战的地区是绝地；四通八达的地区是衢地。

敌国较深的地区是重地；敌国较浅的地区是轻地；

前后危险狭窄的地区是围地；无路可走的地区是死地。

因此，在散地，要统一军心；在轻地，要使阵营紧密相连。

在争地，要快速出兵，把敌人甩到后面；在交地，要加强防守。

在衢地，要和其他国家联盟；在重地，要保证军队的粮食供应；在圮地，要快速通过。

在围地，要堵塞缺口；在死地，要有拼死作战的决心。

所以，士兵的心理状态是：陷入包围就会奋力抵抗，别无选择就会拼死作战，身处绝境就会听从指挥。

这些情况，如果有一个不了解，都不算是"霸王军队"。

"霸王军队"进攻敌国，能让敌国的军队来不及集中。对敌国施压，能让它无法维持联盟。

因此，没有必要和每个国家建交，也不用在每个国家培养自己的势力。

只要我们依靠自己的力量，对敌国施压，就可以去攻击、占领敌国的领土。

执行超常奖赏，颁布可以破例的号令，指挥全军就像指挥一个人。

下达作战命令时，不说明意图，只告诉他们有利的一面，不指出危害。

把士兵逼到危险的地方，才能转危为安；让士兵身陷死地，才能起死回生。这样，我们才能在绝境中获得胜利。

所以，领导的关键在于谨慎观察敌人的战略意图，集中兵力攻击敌人的一处，即使要行走千里去打仗，也能成功。

在调动军队的时候，要封锁关口，废除通行证，停止和敌国的使者往来。

将军们要在会议上出谋划策，制定作战策略。敌人一旦露出破绽，就要乘虚而入。

要先夺取敌人的战略要地，不要和敌人预约作战时间，要随机应变。

因此，开战前要像少女一样安静柔弱，让敌人掉以轻心。开战后，要像逃跑的野兔一样快速，让敌人措手不及，无法抵抗。

火攻篇
huǒ gōng piān

Attacking by Fire

CHAPTER TWELVE

孙子说：**火攻**有五种，一是**火烧敌军**，二是火烧敌军的**粮食**。

Sun Tzu said: there are five types of **fire attacks**. The first is to burn the **enemy's troops** (when encamped), the second is to burn the enemy's **provisions**.

三是火烧敌军的**战车**，四是火烧敌军的**武库**，五是火烧敌军的**运输设备**。

The third is to burn the enemy's **chariots**, the fourth is to burn the enemy's **arsenals**, and the fifth is to burn the enemy's **transportation facilities**.

火攻需要**合适**的条件，火攻的**器材**必须提前准备。发动火攻要根据**天时**，也要选对**日子**。

Successful fire attacks require **suitable** conditions. You must prepare your **equipment** in advance. You must launch your attack at the **right time** and on the most suitable **days**.

天时是指气候**干燥**的时候，日子是指月亮经过"**箕**"、"**壁**"、"**翼**"、"**轸**"四个**星宿**位置的时候，因为这是**起风**的日子。

The right time is when the weather is **dry** and the suitable days are those when the moon passes through the four **constellations** of "the sieve", "the wall", "the wing", and "the cross-bar"; for these are days of **rising wind**.

用火攻，一定要根据以下五种火攻的变化**应对**。在敌营里**放火**，要及时从**外面**进攻。

When launching fire attacks, you must **respond** according to the following five developments. If you **started fires** inside the enemy camp, you must immediately attack the camp from **outside**.

火在烧而敌军不动，就等，不要进攻。等**火光冲天**的时候，能进攻就进攻，不能进攻就**停止**。

If the fires are burning but the enemy does not move, then wait, do not attack yet. When the **fire becomes a great conflagration**, attack if you can, otherwise, **stop**.

如果不用等**内应**就能从外面放火，就在**合适**的时候行动。

If you can set the fire from outside without reliance on **collaborators** (from the enemy army), then do so at the **appropriate** time.

如果从**上风**放火，就不要从**下风**进攻。在白天，风刮久了，晚上容易停下。

If you set the fire **upwind**, do not attack from **downwind**. Winds that have blown for a long time during the day are likely to fall at night.

指挥官必须**掌握**这五种火攻变化，**等**条件具备了才能发动火攻。

Commanders must **master** these five developments and **wait for** the conditions to be met before launching fire attacks.

用火进攻，**比**用水**效果好**。水只能**阻隔**敌军，却不能**打击**敌军的实力。

The use of fire is a **more effective** means of attack **than** the use of water. Water can only **block** the enemy army but cannot **crack down** on its strength.

如果打了胜仗，**占**领了城市，却不能**统治**它，是很**危险**的，也是**白费力气**的。

If the battle is won and the city is **occupied**, but we cannot **rule** it (capitalize for good), it is **dangerous** and **effort-wasting**.

所以，**明智**的国君要**提**前做好计划，**明智**的将军要懂得**如何**利用资源。

Therefore, the **wise** monarch must make plans **far ahead** and the wise general must understand **how to** make good use of their resources.

没有**优势**就不要打仗，没有好处就不要打仗，情况不够**紧急**也不要打仗。

If you do not have a clear **advantage**, do not fight. If there is nothing to be gained, do not fight. If the situation is not **urgent**, do not fight.

国君不能因为愤怒发动战争，将军也不能因为暴躁命令进攻。

The monarch must not declare war due to **anger**, nor the general order an attack due to **fury**.

对国家有利才打仗，对国家不利就停止。愤怒可以变为平静，暴躁也可以变为欢喜。

Only use force when it is **beneficial for** the state; when it is not, stop. **Anger** can subside into **calm** and **fury** can be changed into **joy**.

相比之下，国家灭亡了就不会存在，人死了也不能复活。

By contrast, a destroyed state can never be restored, and a slaughtered man never **brought back to life**.

所以，对待战争，明智的国君应该慎重，明智的将军应该警惕，这是安定国家和保全军队的原则。

Therefore, when it comes to war, the wise monarch should be **prudent** and the wise general **vigilant**. This is the principle of **stabilizing the country** and **preserving the army**.

Key vocabulary

wǔ kù 武库	n.	arsenal	bái fèi lì qì 白费力气	vp.	effort-wasting
yùn shū 运输	n.	transportation	míng zhì 明智	adj.	wise
shè bèi 设备	n.	facilities	zī yuán 资源	n.	resources
qì cái 器材	n.	equipment	jǐn jí 紧急	adj.	urgent
xīng xiù 星宿	n.	constellations	fèn nù 愤怒	n. / adj.	anger / angry
wèi zhi 位置	n.	position	píng jìng 平静	n. / adj.	calmness / calm
wēi xiǎn 危险	adj.	dangerous	huān xǐ 欢喜	n. / adj.	joy / joyful
fàng huǒ 放火	v.	to set fire	bào zào 暴躁	n. / adj.	fury / furious
shàng fēng 上风	n.	upwind	jǐng tì 警惕	adj.	vigilant
xià fēng 下风	n.	downwind	ān dìng 安定	v.	to stabilize
xiào guǒ 效果	n.	effect	bǎo quán 保全	v.	to protect/preserve
zǔ gé 阻隔	v.	to block	fù huó 复活	v.	to resurrect

IDIOM 成语

huǒ	guāng	chōng	tiān
火	光	冲	天
fire	light	rush	sky

Fire of a great conflagration

QUOTE 名言

ORIGINAL

zhǔ bù kě yǐ nù ér xīng shī, jiàng bù kě yǐ yùn ér zhì zhàn
主不可以怒而兴师，将不可以愠而致战。

MODERN

guó jūn bù néng yīn wèi fèn nù fā dòng zhàn zhēng, jiāng jūn yě bù néng yīn wèi bào zào mìng lìng jìn gōng
国君不能因为愤怒发动战争，将军也不能因为暴躁命令进攻。

The monarch must not declare war due to anger, nor the general order an attack due to fury.

sūn zǐ shuō yīng gāi jí lì bì miǎn zhàn zhēng, rèn hé rén dōu bù néng yīn wèi zì jǐ de yě xīn qù tiāo qǐ zhàn zhēng, nǐ tóng yì ma
孙子说应该极力避免战争，任何人都不能因为自己的野心去挑起战争，你同意吗？

Sun Tzu said that wars should be avoided as much as possible. No one should start a war because of personal ambitions. Do you agree?

Chinese Version

孙子说：火攻有五种，一是火烧敌军，二是火烧敌军的粮食。

三是火烧敌军的战车，四是火烧敌军的武库，五是火烧敌军的运输设备。

火攻需要合适的条件，火攻的器材必须提前准备。发动火攻要根据天时，也要选对日子。

天时是指气候干燥的时候，日子是指月亮经过"箕"、"壁"、"翼"、"轸"四个星宿位置的时候，因为这是起风的日子。

用火攻，一定要根据以下五种火攻的变化应对。在敌营里放火，要及时从外面进攻。

火在烧而敌军不动，就等，不要进攻。等火光冲天的时候，能进攻就进攻，不能进攻就停止。

如果不用等内应就能从外面放火，就在合适的时候行动。

如果从上风放火，就不要从下风进攻。在白天，风刮久了，晚上容易停下。

指挥官必须掌握这五种火攻变化，等条件具备了才能发动火攻。

用火进攻，比用水效果好。水只能阻隔敌军，却不能打击敌军的实力。

如果打了胜仗，占领了城市，却不能统治它，是很危险的，也是白费力气的。

所以，明智的国君要提前做好计划，明智的将军要懂得如何利用资源。

没有优势就不要打仗，没有好处就不要打仗，情况不够紧急也不要打仗。

国君不能因为愤怒发动战争，将军也不能因为暴躁命令进攻。

对国家有利才打仗，对国家不利就停止。愤怒可以变为平静，暴躁也可以变为欢喜。

相比之下，国家灭亡了就不会存在，人死了也不能复活。

所以，对待战争，明智的国君应该慎重，明智的将军应该警惕，这是安定国家和保全军队的原则。

The Use of Spies

CHAPTER THIRTEEN

孙子说：如果派十万军队去遥远的国外打仗，国家的开支巨大，百姓要承受的代价太大。

Sun Tzu said: if one hundred thousand troops are **sent** to fight in a **distant** country, the **expenditure** of the state will be great, and the people will be burdened by the **cost**.

国家不稳定，士兵疲备，不能正常工作和生活的家庭至少有七十万。

The country will be **destabalised**, the army will become **exhausted**, with at least 700,000 **families** unable to work and live normally.

这样的牺牲，就是为了战场上最后一天的胜利。如果拒绝花钱雇用间谍获取敌人的情报，我们就会被打败。这就是不仁爱。

Such **sacrifice** is endured to obtain one day's **victory** on the battlefield. If we refuse to **spend money** to employ **spies** in order to obtain intelligence on the enemy, we will be defeated. This is the ultimate **inhumanity**!

这种人不配指挥军队，不配辅助国君，也不配获得胜利。

Such a man is **not worthy** to command an army, nor to **assist** the monarch, and certainly not to **attain** victory.

明智的国君和将军能战胜敌人，建功立业，是因为他们能事先获取敌情。

Wise monarchs and generals can defeat the enemy and **make great achievements** because they obtain intelligence on the enemy **in advance**.

要获取敌情，就不要搞迷信，不要从表面猜测，也不要用星宿位置去验证。

When **obtaining** the intelligence on the enemy, you can't engage in **superstition**, nor **guess** from their appearance, and certainly not verify from **constellation positions**.

一定要从人的身上**获取**，**也就是**要从知道敌情的**间谍**获取。

You must **obtain** it from a person, **that is**, from a **spy** who has intelligence on the enemy.

间谍有以下五种：乡间、内间、反间、死间、生间。

There are five types of **spies**: local spies, internal spies, converted spies, expendable spies and surviving spies.

一起使用五种间谍，让敌人**看不清**我们的计划，是最有效的**武器**，也是最高形式的**策略**。

When all of these five types of spies are used **in combination**, the enemy will be **oblivious** to our plans. This is the most effective **weapon** to employ and the highest form of **strategy**.

乡间，是**雇用**敌国的**居民**做间谍。内间，是敌国内部的**官员**间谍。反间，是把敌国的间谍变成我们的间谍。

Local spies are **employed** from the **inhabitants** of the enemy country. Internal spies are the enemy's **officials**. Converted spies are agents of the enemy that we turn and use for our own purposes.

死间，是把**假情报**传给敌人的间谍，但却极可能被敌人抓获。生间，是获取敌人**情报**后回来报告的间谍。

Expendable spies pass **false intelligence** to the enemy's agents and are especially at risk of **capture**. Surviving spies bring back **intelligence** from the enemy.

所以，在军队中，没有比间谍更宝贵的，没有比间谍的**奖励**更高的，也没有比间谍的事更秘密的。

Therefore, in the army, no one is dearer than a spy, no one is **rewarded** more than a spy, and no matters are more **secret** than those of the spy.

只有**明智**的人才能用间谍,只有**仁爱**的人才能指挥间谍,只有**深谋远虑**的人才能**分辨**间谍提供的情报。

Only a **wise** man will use a spy, only a **compassionate** man can direct a spy, and only a man of **great strategy and deep insights** can **interpret** the intelligence provided by the spy.

能随时随地使用间谍才是**高手**!如果间谍的工作还没开始就**泄露**,那么,间谍和了解情况的人都要被**处死**。

The ability to use spies **anytime and anywhere** is **mastery**! If the work of the spy is **leaked** before it starts, then the spy and anyone who knows it shall be **executed**.

要**打败敌国**的军队,要**占领敌国**的城市,要**刺杀敌国**的人员,我们就必须事先派间谍去**了解敌国**将军、官员和哨兵的**名单**。

To **crush** the enemy's army, to **occupy** the enemy's city or to **assassinate** the enemy's personnel, we must first send spies to **find out** the **name list** of the enemy's generals, officials and sentries.

我们一定要找出敌国派来的**间谍**,用**高工资**收买他,让他为我们**服务**,这样,我们就可以用**反间**了。

We must find the **spies** sent by the enemy and bribe them with **high salaries** so that they will **serve** our side, and through this, we can use them as **converted spies**.

通过反间了解**敌情**,乡间、内间也能一起用起来。

By obtaining the **enemy's information** through a converted spy, local spies and internal spies can be used together.

帮死间**传递**假情报给敌人，让生间按时**报告**敌情。

This helps expendable spies to **pass** false intelligence to the enemy and enabling surviving spies to **report** the enemy's situation on time.

领导必须**掌握**这五种间谍的使用，**其中**最重要的就是使用反间，所以一定要最丰厚地奖励反间。

Leaders must **master** the use of these five types of spies, **of which** the most important is the use of converted spies, whom must be rewarded the most **generously**.

以前商朝的**兴起**，是因为有伊挚在夏朝做**间谍**，他**熟悉**夏朝的政府**并**了解它的情况。

In the past, the **rise** of the Shang Dynasty was due to the use of Yi Zhi as a **spy** in the Xia government. He was **familiar with** the Xia government **and** understood its situation.

周朝的**兴起**，也是因为**周武王**用了了解商朝政府的**间谍**吕牙。

The **rise** of the Zhou Dynasty was also due to **King Wu**'s use of Lu Ya, a spy familiar with the Shang government.

所以，明智的国君和将军用**高超**的间谍，就一定能建功立业。这是用兵的**关键**，也是军事行动的**依据**。

Therefore, wise monarchs and generals who use **superb** spies will definitely **attain great success**. This is the **key** to the use of troops and the **basis** for military operations.

Key vocabulary

开支 (kāi zhī)	n.	expenditure		官员 (guān yuán)	n.	official
承受 (chéng shòu)	v.	to bear		情报 (qíng bào)	n.	intelligence (information)
代价 (dài jià)	n.	cost (from sacrifice)		抓获 (zhuā huò)	v.	to capture
家庭 (jiā tíng)	n.	family/household		仁爱 (rén ài)	adj.	compassionate/human
牺牲 (xī shēng)	n. v.	sacrifice / to sacrifice		分辨 (fēn biàn)	v.	to interpret/distinguish
辅助 (fǔ zhù)	v.	to assist		泄露 (xiè lù)	v.	to leak
获得 (huò dé)	v.	to attain		刺杀 (cì shā)	v.	to assassinate
事先 (shì xiān)	adv.	in advance		收买 (shōu mǎi)	v.	to bribe
猜测 (cāi cè)	v.	to guess		名单 (míng dān)	n.	name list
验证 (yàn zhèng)	v.	to verify		工资 (gōng zī)	n.	salary
间谍 (jiàn dié)	n.	spy		依据 (yī jù)	n.	basis
随时随地 (suí shí suí dì)	idiom	anytime and anywhere		兴起 (xīng qǐ)	n. v.	rise / to rise/spring up
建功立业 (jiàn gōng lì yè)	idiom	to make great achievements		居民 (jū mín)	n.	residents/inhabitants

IDIOM

shēn	móu	yuǎn	lǜ
深	谋	远	虑
deep	strategy	far	thinking

Having great strategy and deep insights

QUOTE

ORIGINAL

míng jūn xián jiàng, suǒ yǐ dòng ér shèng rén,
明君贤将，所以动而胜人，
chéng gōng chū yú zhòng zhě, xiān zhī yě。
成功出于众者，先知也。

MODERN

míng zhì de guó jūn hé jiāng jūn néng zhàn shèng dí rén, jiàn gōng
明智的国君和将军能战胜敌人，建功
lì yè, shì yīn wèi tā men néng shì xiān huò qǔ dí qíng。
立业，是因为他们能事先获取敌情。

Wise monarchs and generals can defeat the enemy and make great achievements because they can obtain intelligence on the enemy in advance.

sūn zǐ shuō yòng jiàn dié huò qǔ qíng bào shì dǎ bài duì shǒu
孙子说用间谍获取情报是打败对手
bì xū de, nǐ zěn me kàn?
必须的，你怎么看？

Sun Tzu said that using spies to obtain intelligence is necessary to defeat the opponent. What do you think?

Chinese Version

孙子说：如果派十万军队去遥远的国外打仗，国家的开支巨大，百姓要承受的代价太大。

国家不稳定，士兵疲备，不能正常工作和生活的家庭至少有七十万。

这样的牺牲，就是为了战场上最后一天的胜利。如果拒绝花钱雇用间谍获取敌人的情报，我们就会被打败。这就是不仁爱。

这种人不配指挥军队，不配辅助国君，也不配获得胜利。

明智的国君和将军能战胜敌人，建功立业，是因为他们能事先获取敌情。

要获取敌情，就不要搞迷信，不要从表面猜测，也不要用星宿位置去验证。

一定要从人的身上获取，也就是要从知道敌情的间谍获取。

间谍有以下五种：乡间、内间、反间、死间、生间。

一起使用五种间谍，让敌人看不清我们的计划，是最有效的武器，也是最高形式的策略。

乡间，是雇用敌国的居民做间谍。内间，是敌国内部的官员间谍。反间，是把敌国的间谍变成我们的间谍。

死间，是把假情报传给敌人的间谍，但却极可能被敌人抓获。生间，是获取敌人情报后回来报告的间谍。

所以，在军队中，没有比间谍更宝贵的，没有比间谍的奖励更高的，也没有比间谍的事更秘密的。

只有明智的人才能用间谍，只有仁爱的人才能指挥间谍，只有深谋远虑的人才能分辨间谍提供的情报。

能随时随地使用间谍才是高手！如果间谍的工作还没开始

就泄露，那么，间谍和了解情况的人都要被处死。

要打败敌国的军队，要占领敌国的城市，要刺杀敌国的人员，我们就必须事先派间谍去了解敌国将军、官员和哨兵的名单。

我们一定要找出敌国派来的间谍，用高工资收买他，让他为我们服务，这样，我们就可以用反间了。

通过反间了解敌情，乡间、内间也能一起用起来。

帮死间传递假情报给敌人，让生间按时报告敌情。

领导必须掌握这五种间谍的使用，其中最重要的就是使用反间，所以一定要最丰厚地奖励反间。

以前商朝的兴起，是因为有伊挚在夏朝做间谍，他熟悉夏朝的政府并了解它的情况。

周朝的兴起，也是因为周武王用了了解商朝政府的间谍吕牙。

所以，明智的国君和将军用高超的间谍，就一定能建功立业。这是用兵的关键，也是军事行动的依据。

ACCESS AUDIO

You can access the Chinese audio for this book absolutely FREE!
Just follow the below instructions to access:

1. **Scan this QR code
   or go to: www.linglingmandarin.com/books**

2. Locate this book in the list of LingLing Mandarin Books

3. Click the "Access Audio" button

4. Enter the password: **HYT2642**

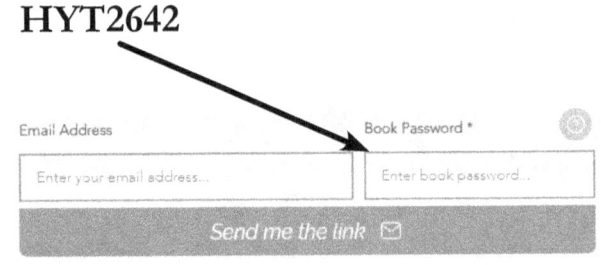

BILINGUAL CHINESE-ENGLISH AUDIOBOOK

The combined Chinese-English audiobook, narrated by native speakers, is available on all major platforms!

 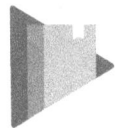  

Barnes&Noble, Audiobooks.com,
Libro.fm, and more

CHINESE STORIES FOR LANGUAGE LEARNERS

THE COMPLETE SERIES

LingLing's Chinese Stories for Language Learners is a thoughtfully graded series progressing from elementary to advanced levels, created for learners who enjoy exploring Chinese language, culture, and history through rich, engaging stories.

Each volume builds on the last to support steady growth in reading fluency, vocabulary, grammar, and cultural insight. We encourage you to explore the full series for the most rewarding learning experience.

ELEMENTARY
VOLUME 1

ELEMENTARY
VOLUME 2

INTERMEDIATE
VOLUME 1

INTERMEDIATE
VOLUME 2

ADVANCED

BOOKS BY LINGLING

CHINESE CONVERSATIONS
FOR BEGINNERS

CHINESE CONVERSATIONS
FOR INTERMEDIATE

THE ART OF WAR
FOR LANGUAGE LEARNERS

LEARN CHINESE VOCABULARY
FOR BEGINNERS:
NEW HSK 1

LEARN CHINESE VOCABULARY
FOR BEGINNERS:
NEW HSK 2

LEARN CHINESE VOCABULARY
FOR BEGINNERS:
NEW HSK 3

LEARN CHINESE VOCABULARY
FOR INTERMEDIATE:
NEW HSK 4

LEARN CHINESE VOCABULARY
FOR INTERMEDIATE:
NEW HSK 5

LEARN CHINESE VOCABULARY
FOR INTERMEDIATE:
NEW HSK 6

 Join LingLing's Free Newsletter!

Want to boost your Chinese learning with fresh tips, cultural gems, and exclusive updates? Be the first to hear about new book releases, blog posts, and additional content.

Scan the QR code opposite or visit:
www.linglingmandarin.com/notify

ABOUT THE AUTHORS

LingLing is an author and Chinese language educator with both Chinese and British educational background. She has a Master's in Communication and Language. Originally from China, now living in the UK, she is the founder of the learning brand LingLing Mandarin, which aims to create the best resources for learners to master the Chinese language and achieve deep insight into Chinese culture in a fun and illuminating way. Discover more about LingLing and access more great resources by following the links below or scanning the QR codes.

 **WEBSITE**
linglingmandarin.com

YOUTUBE CHANNEL
youtube.com/c/linglingmandarin

 **PATREON**
patreon.com/linglingmandarin

INSTAGRAM
instagram.com/linglingmandarin

Huw, born in the United Kingdom, has had a passion for Chinese history and culture since his teenage years when he was captivated by the classic Chinese novel, The Romance of the Three Kingdoms. He has also had a lifelong interest in military strategy and how it has evolved over the ages. Sun Tzu's The Art of War sits at the confluence of these two interests and is one of his favorite books. Professionally, he holds a MSc in Business Analytics and is an entrepreneur.